OMUP ブックレット　No.61

保育所・認定こども園における
生活課題を抱える保護者への支援
—大阪府地域貢献支援員(スマイルサポーター)制度を題材に—

中谷奈津子・鶴　宏史・関川芳孝 編著

JN208821

はじめに
スマイルサポーターの社会的意義とねらい

（関川芳孝）

　本冊子は、日本学術振興会の科学研究費補助金を得て取り組んでいる「保育所における生活困難の早期発見・早期対応と保育所の組織運営に関する研究」および「生活課題を抱える保護者への保育所の組織的支援と研修プログラムの開発」の研究成果の一部を取りまとめたものである。研究代表者である中谷奈津子は、地域子育て支援に関する研究に取り組んでおり、単著『地域子育て支援と母親のエンパワーメント ―内発的発展の可能性』を大学教育出版から出版している。関川芳孝、鶴宏史とともに、大阪府社会福祉協議会保育部会が行う「保育園・認定こども園における地域貢献事業（スマイルサポーター事業）」のスマイルサポーター養成研修にも、講師として参画してきた。本冊子は、同事業およびスマイルサポーターの活動を題材としつつ、保育所・認定こども園等の保育施設が取り組む総合相談窓口としての体制や役割、支援プロセスなどについて考察するものである。保育所・認定こども園の保護者支援の現状と課題について考察するために、大阪府社会福祉協議会保育部会の協力を得て、大阪府下の保育所・認定こども園を対象にアンケート調査を行うことができた。調査結果については、資料3として、75ページ以下に掲載している。これとともに、冊子の取りまとめにおいても、大阪府社会福祉協議会施設部および保育部会の皆さんから、ご協力いただいた。あらためて、ご協力、ご支援いただいた皆さんに感謝を申し上げたい。

　「保育園・認定こども園における地域貢献事業（スマイルサポーター事業）」は、大阪府社会福祉協議会保育部会が独自に行う事業であり、事業を始めてから10年が経過する。保育所等を経営する大阪の社会福祉法人が、保育所等を基盤とし地域に対して貢献することを目的に始められた。保育所・認定こども園の事業を行うに当たって、支援が必要な子ども・家庭を発見したらワンストップで相談を受け、必要な支援につなぐなどの方法により援助する事業である。保育所・認定こども園の制度的な機能・役割に限定せず、制度が対応しない支援ニーズにも、社会福祉法人の使命にもとづき、積極的に対応しようとするものである。大阪府社会福祉協議会保育部会を中心に会員施設が連携し、事業実

施体制の構築およびスマイルサポーター人材育成に取り組んできた。こうした大阪の社会福祉法人による保育所・認定こども園における地域貢献の取り組みは、社会保障審議会福祉部会においても報告され、評価されている。実際、非課税に相応しい社会福祉法人に求められる事業経営のあり方を考える上でも、示唆的である。

2016年（平成28年）に改正された社会福祉法が、第24条2項において「社会福祉法人は、社会福祉事業及び第二十六条第一項に規定する公益事業を行うに当たっては、日常生活又は社会生活上の支援を必要とする者に対して、無料又は低額な料金で、福祉サービスを積極的に提供するよう努めなければならない」と定めるが、法的に義務づけられる以前から、自主的・自律的にこうした取り組みを行ってきたところに、大阪の社会福祉法人による先駆性・開拓性が認められる。さらには、地域包括ケアの体制も、高齢者の医療・介護にとどまらず、障がい者、子ども、生活困窮者、地域福祉すべてを包括する支援体制づくりへとむかっている。保育所・認定こども園も、こうした制度横断的な地域のネットワークに参画することで、従来対応困難と思われるケースにおいても必要な支援を行うことが可能となる。すでに「保育園・認定こども園における地域貢献事業（スマイルサポーター事業）」は、オール大阪の社会福祉法人による社会貢献事業「大阪しあわせネットワーク」のなかで、他の種別事業とも連携し、包括的な相談体制の構築をめざしている。こうしたなかで、保育所・認定こども園には、支援を必要とする子育て家庭の複合的な生活課題に対し、他の種別

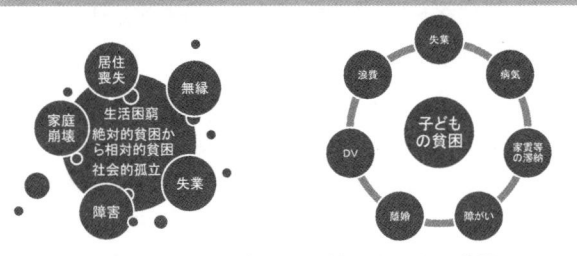

図1　スマイルサポーターが必要とされる背景

施設はもちろん、コミュニティソーシャルワーカー、地域住民とも連携しつつ、問題解決に取り組むプラットフォームの構築が期待される。

　ここで、本冊子の構成について述べておきたい。本冊子は、これまでの大阪府の実践と、我々研究チームによる調査から得られた知見をもとに、議論を重ね、整理したものである。単なる読みものではなく、身近な実践を見直すきっかけとしてもご活用いただければ幸甚である。

　第1章では、「保育園・認定こども園における地域貢献事業」の意義とその役割について述べ、第2章、第3章では、大阪府でその事業が創設され発展してきた社会的経緯とその取り組みの現状について整理しておく。

　第4章〜第8章では、実際の保護者支援の場面を想定し、生活課題を抱える保護者への支援の前提となる条件や援助のあり方などについて説明している。特に第4章では、保護者の「相談のしやすさ」に焦点を当てる。子育て以外の困り事であっても、保育所等に「相談しやすい」「相談しよう」と思える保護者側の要因とは何か、インタビューから得られた知見をもとに説明する。

　第5章では、相談を受理しその後の支援を行うに当たって、園内で整備しておくべき体制について、第6章、第7章では、保育者に求められる姿勢や援助技術について述べていく。第8章では、生活課題を抱える保護者への支援プロセスにおける、日常的な役割と個別支援に対する役割を俯瞰する。その上で、事例を挙げつつそれぞれの役割について具体的に説明していくものとする。

　さらに、これら支援プロセスをよりスムーズに行うための組織内の役割分担（第9章）と園長のリーダーシップ（第10章）についても解説を加える。

　最後に、保育所等に求められる保護者支援とスマイルサポーター事業の展望について若干の考察を加えたい（第11章）。

　巻末に、資料としてスマイルサポーター事業の概要、実践事例、大阪府内の保育所等へのアンケート結果の概要を付した。保育所等における子育て支援、保護者支援を充実させるための、何らかの手がかりにしていただければと思う。

第1章
「保育園・認定こども園による地域貢献事業
（スマイルサポーター事業）」の意義および役割

（関川芳孝）

　核家族化が進み、親族や地域住民ともつながりがないまま、孤立して子育てしている世帯が増えている。大阪のような都市部では、地域コミュニティのつながりも希薄化し、子育て家庭では、子どもの発達や子育てについての不安や悩みを誰にも打ち明けられないまま、子育てを負担と感じている母親は少なくない。社会経済情勢の変容によって、経済的な格差が固定化しつつあるなかで、依然として一人親家庭の所得は厳しい状況にある。

　大阪府では、2016年（平成28年）度、子どもの生活に対する実態調査を行っているが、同調査を通じて、子どもの貧困に関わる実態が浮き彫りになった。なかでも、一人親家庭や非正規雇用の家庭において、経済的に厳しい状況に置かれている人たちの割合が大きい。また回答のあった母子家庭の四割が、所得200万円以下であることが明らかになった。生活困窮家庭ほど、電気・ガス・水道を止められた、家賃・住宅ローンの支払いが滞ったことがある、と回答する割合が大きい。

　思う仕事に就けず十分な収入が得られないまま、不安定な就業環境から抜け切れず、借金、DV、病気、失業などにより、生活に困窮する子育て家庭も存在する。保育に限らず、様々な生活課題を抱える子育て家庭を包括的に支援する体制づくりが大切である。保育所および認定こども園には、児童福祉法および認定こども園法において、地域における子育て家庭および施設を利用する保護者に対し、保育などの相談に応じ、助言を行うことが義務づけられている。法律による義務づけに対応することはもとより、保育所および認定こども園の社会的責任として、施設機能を地域にも展開し、積極的かつ総合的に地域の子育て支援の役割を引き受けることが大切である。民生委員・児童委員をはじめ、地域の子育てに関わる様々な機関や団体などとつながることによって子どもの貧困などの問題解決に取り組み、地域から信頼される施設経営をめざしてほしい。

　実際、社会福祉法の一部改正においては、社会福祉法人には、日常生活など

において支援を必要とする者に対し、制度の狭間の生活困窮にも対応するなど、セーフティネットとしての役割が求められている。特に子ども・子育て家庭に対しては、教育・保育の制度の枠組みを超えて、制度外のニーズにも対応できないかについて検討されるべきである。保育所および認定こども園においても、地域住民にとって身近な存在であるなど法人・施設の特徴や強みを活かし、積極的に地域のニーズに対応するなど、公益性の高い施設経営のあり方が問われている。

　スマイルサポーター事業は、子育て中の保護者の様々な相談に応じ、継続的な支援が必要なケースには、情報提供および助言にとどまらず、保護者が抱える問題の解決に向けて、寄り添い型の包括的な支援を行うことにある。子育てや虐待の相談、子どもの発達や障がいについての相談、失業などによる生活困窮に至るまで、制度や対象分野を問わず相談者の状況に応じて包括的に相談・支援することを基本としている。複合的な課題を抱える家庭についても、ワンストップで相談・支援を行う事業である。育児相談に限定せず、子育て家庭の抱える様々な課題に何でも丸ごと相談を受け、必要な制度につなぐなどニーズ対応しようとするところに特徴がある。

　また、スマイルサポーター事業は、高齢者の施設、障がい者の施設などとも連携し、施設事業の種別を超えて「オール大阪しあわせネットワーク」として社会貢献事業、生活困窮者レスキュー事業に取り組むものである。生活困窮者レスキュー事業とは、生活が困窮している人から相談を受け、社会福祉施設に所属する総合生活相談員（コミュニティソーシャルワーカーやスマイルサポーター）が対応し、ワンストップの総合生活相談を行うものである。生活課題が児童福祉の範囲を超えるような複合的なニーズに対しては、大阪府社会福祉協議会に所属する社会貢献支援員との連携によって対応する。例えば家族の抱える問題の一つに、祖父母の介護問題が認められる事例についても、高齢者の施設に配置されているコミュニティソーシャルワーカーと連携し対応できる体制ができている。さらには、「経済的援助」の制度もある。すなわち、親子の生命に関わる緊急・窮迫した事例に対しては、施設長の決裁によって、10万円を限度とする「経済的援助（現物給付）」による支援ができるようになっている。

　保育所・認定こども園が、生活困窮する家庭を支援する場合に、「経済的援助（現物給付）」の仕組みによって、様々な支援が可能となる。例えば、失業し家賃を滞納したため退去を求められているケースについては、経済的援助を

活用し保育所等が代わりに家賃を支払うことで、家族が退去せずにすむなどの支援が可能となっている。さらには、経済的に困窮し、子どもにも満足な食事を提供できないというケースでは、スマイルサポーターが買い物に付き添い食材を購入し提供するという支援も可能となる。ミニマムな生活すら困難となっている事例では、生活保護につなぐとしても、当面の生活をどのように支えるかを考えなければならない。こうした事例に対しても、スマイルサポーター事業は、柔軟で機動的な対応が可能となっている。

第2章
スマイルサポーター事業の沿革

（関川芳孝）

　スマイルサポーター事業は、保育所を経営する社会福祉法人の地域貢献として始まった。社会福祉法人は、福祉施設を管理し、福祉の専門職を配置させ、自治体および専門機関や地域とつながる機能的な存在である。社会福祉法人として、保育など制度の枠組みのなかでは対応できないニーズに対しても、相談を受け支援することによって、社会に貢献しようと考えたのである。大阪府社会福祉協議会保育部会が、2006年（平成18年）から全国に先駆けて始めた公益的な取り組みである。

1．でんわ育児相談事業の実施

　大阪の民間保育所による子育て支援活動は、1982年（昭和57年）に府内の女性1万人を対象に「育児についての女性の意識調査」を実施し、明らかになった女性のニーズに対応するものとして始まった。当時は、入所措置児童数がピークをむかえ、就学前の子どもの減少に対し、危機感を抱いた幼稚園団体から「幼保一元化」の提言も出されていた。これに対し、全国保育協議会においては、保育所制度を存続させるためにも、延長保育などを実施し保育所を利用する保護者の多様なニーズに応えるとともに、地域において育児相談などを実施し、保育所の社会的な役割を地域に展開していくことが大切であると考えられていた。こうした状況を背景に、大阪府社会福祉協議会保育部会は、女性の育児に対する意識調査を行い、女性が保育所に対して求める役割を明らかにしようとした。調査では、保育所の機能をさらに充実させていくとすればどのような取り組みが必要と考えるかの質問に対し「希望する時期に入所できるように」「障がい児保育を積極的にしてほしい」とともに、「子育ての悩みや相談に応じてほしい」という回答が多かった。地域のこうしたニーズに対応するため、大阪府社会福祉協議会保育部会は、大阪府社会福祉協議会において1984年（昭和59年）から「でんわ育児相談事業」を始めた。民間保育所は、この事業に経験豊富なベテランの保育者を派遣し、電話による育児相談に応じた。

2．育児相談員制度の実施

　1990年（平成２年）には、「でんわ育児相談事業」を発展的に解消し、新たに子育て支援アドバイザー「育児相談員」を大阪府下の各民間保育所に配置し、地域の子育てに対する相談に応じる「育児相談員制度」を始めている。これによって保護者は、地域の身近な保育所において相談できるようになった。各保育所が、相談事業を通じて地域の子育て支援を始めたのである。あわせて、相談・支援にあたる相談員の専門性を確保するため、育児相談員養成研修も行った。研修内容と実績については、大阪府からも評価され、1998年（平成10年）より、受講修了者に対し大阪府知事から「育児相談員」の認定が与えられた。

　この時期、国においても、1989年（平成元年）に「保育所地域活動事業」を創設し、補助金の交付を通じて、保育所に対し地域の子育て支援の役割を求めるようになっている。さらには、1999年（平成11年）の保育所保育指針の改定、2001年（平成13年）児童福祉法の改正があり、保育所および保育士に対し保護者や地域の住民に対する相談・助言の役割が明記された。このように、大阪の民間保育所の先駆的な取り組みが、国の制度にも取り入れられ、保育所が地域子育て支援の拠点として制度化され、全国に広がっていったという経緯がある。

3．スマイルサポーター事業へ再編

　育児相談事業において相談される内容は、保育・子育てだけに限らない。実際に相談を受けてみて、保育や子育て以外にも、経済課題、傷病、障がい、介護、家庭の問題など様々な生活課題を抱えて悩んでいることが明らかになる事例も少なくない。当初は、「誰かに相談し、話を聞いてもらいアドバイスを受けるだけで、本人が解決してしまうケースが多い」と考えられていたが、問題を抱え本当に困っている人は、相談のために保育所に来所できないのではないか、保育所等の育児相談につながっていないのではないかと考えられるようになった。

　育児相談の活動では、保育・子育て以外の様々な問題を抱える子育て家庭には十分な対応ができていないなどの課題も見えてきた。2007年（平成19年）に「育児相談員の活動状況に関する調査」を行ったところ、育児相談で「保育・子育

て以外」の課題を持つケースを経験したという回答が、半数を超えていた。その内容を見ると、経済的困窮、障がい、高齢・介護の問題など、育児や子育て以外の課題も抱えていることが明らかになった。ところが、相談を受けた保育者が、保育以外のことについてどう対応したらよいのかわからず、そのままにされているケースが少なくなかった。つまり、育児不安の解消などにおいては、傾聴・共感しつつ適切なアドバイスが可能であるが、子育て以外の生活課題、貧困やDVなどについては、必ずしも適切な対応ができていなかった。こうした育児相談事業の限界に対し、養成研修の内容を充実させ、子育て家庭が抱える生活課題を解決できるような支援を行う仕組みへ転換させる必要がないか検討された。

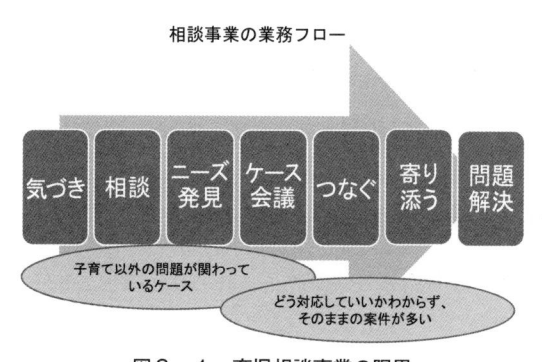

図2−1　育児相談事業の限界

　既に、高齢者の分野においては、大阪府社会福祉協議会老人部会が、2004年（平成16年）より、会員の介護施設などにコミュニティソーシャルワーカー（CSW）を配置し、ワンストップで相談を受ける総合相談事業「生活困窮者レスキュー事業」を始めていた。これは、在宅における介護についての相談以外にも、制度の狭間にあって生活困窮しているなど、様々な生活課題についての相談を受け、アウトリーチによる生活困窮者に寄り添った相談・支援を行い、必要な制度・サービスにつなぐなどの活動である。

　大阪府社会福祉協議会保育部会においても、老人部会による社会貢献事業をモデルにして、育児相談員事業を見直し、2007年（平成19年）より現行の「保育園における地域貢献事業」を始めた。地域貢献支援員（スマイルサポーター）事業とは、保育や子育ての相談以外にも、生活困窮につながる失業、介護、傷

病、DVなど様々な生活課題に対し、ワンストップで相談を受け必要な制度や
サービスにつなぐなど、問題解決にむけた取り組みをいう。

　「悩んだ時は、保育園が力になります」とあるように、スマイルサポーター
を配置する大阪民間保育所等のネットワークが、制度の狭間にあって生活に困
窮する子育て家庭に対しても、地域のセーフティネットとしての役割を引き受
ける。これこそ、社会福祉法人が経営する保育所・認定子ども園として、非課
税にふさわしい公益的な活動を展開するものといえる。

　また、育児相談員の養成研修もスマイルサポーターの養成研修へ再編した。
生活保護や地域福祉などの専門知識に加え、社会資源の把握、幅広い相談業
務への対応力を身につけるロールプレイ、専門機関との連携にむけたワーク
ショップを重視した研修を行っている。スマイルサポーターを養成し、保育所
等におけるソーシャルワーク機能の強化もねらいとしている。また、養成研修
の他にも、スマイルサポーターの認定を受けた保育者に対し、毎年フォロー
アップ研修を行っている。

4．社会福祉法人制度改革と地域公益的取組

　2016年（平成28年）社会福祉法が改正され、社会福祉法人に対し地域におけ
る公益的取組が義務づけられた。事業を行う上で日常生活などにおいて支援が
必要な人を発見したら、無料または低額で積極的に福祉サービスを提供するこ
とを求めている。社会保障審議会福祉部会では、既存の制度では対応できない
生活困窮ニーズなどに対して必要な支援を行うことが、社会福祉法人の本来的
役割（社会福祉法人制度の本旨）であると説明された。さらには、2017年（平
成29年）の社会福祉法改正では、地域共生社会の実現にむけて、地域住民等と
もつながり、地域においてワンストップで対応できる総合的な相談体制の構築
が求められている。こうした制度改正の動きを受けて、大阪において始まった
社会福祉法人による総合相談と経済的援助の仕組みは、神奈川県など他の都道
府県においても広がりつつある。

　保育所・認定こども園は、施設数も多く、地域の身近な施設である。しかも、
誰でも気軽に立ち寄れる場所にある。地域の自治会や民生委員・児童委員ともつ
ながり、地域の情報も入ってきやすい。誰でも福祉に関わる相談をしたら親身
になって受け止めてもらえ、必要な制度や支援につながる入り口、問題解決の橋

渡し役としての役割が期待できる。保育所・認定こども園を中心とした子どもの貧困の問題に立ち向かう社会福祉法人のネットワークは、地域住民とのプラットフォームの形成に貢献できる。地域のつながりを作り、社会福祉法人の強みを活かし、さらなる地域課題解決型の公益的活動の展開にも役立つものと考える。

第3章
スマイルサポーター事業の現状

（関川芳孝）

　スマイルサポーター事業は、保育所等を経営する社会福祉法人による地域公益的取組（社会福祉法24条2項）として行う総合生活相談事業である。当事業の目的は、育児の孤立、育児や子どもの発達についての不安、障がい、児童虐待・家庭内暴力（DV）、失業、傷病、子どもの貧困・生活困窮など、子育て家庭が抱える複合的な福祉課題に対し、地域においてワンストップで包括的な相談支援体制を構築するものである。子育て家庭に身近なところで相談に応じ、当該子育て家庭の抱える個別ニーズを適切なアセスメントを通じて把握し、助言や情報提供を通じて必要な制度やサービスにつなげることを内容としている。

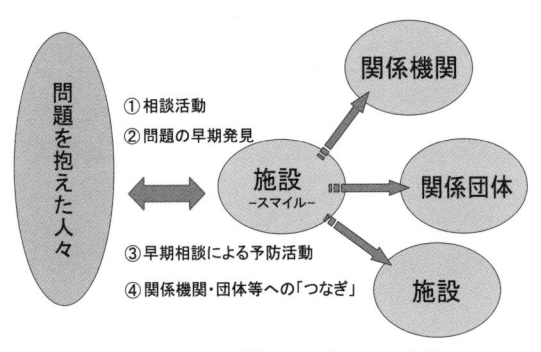

図3－1　関係機関・団体へのつなぎ

　2017年（平成29年）5月現在、スマイルサポーターを配置し地域貢献に取り組む保育所・認定こども園は、大阪府社会福祉協議会保育部会に加盟する568施設（全会員施設の86％にあたる）である。スマイルサポーターの活動を通じて、自治体や学校をはじめ様々な関係機関・団体と連携し、地域福祉のネットワークづくりに寄与している。保育所・認定こども園は、地域住民にも身近な存在でもあり、スマイルサポーターの看板を掲げることで、地域に開かれた総合相談窓口となることをめざしている。

1.「大阪しあわせネットワーク」への参画

　また、スマイルサポーター事業は、「大阪しあわせネットワーク」（オール大阪の社会福祉法人による社会貢献事業・生活困窮者レスキュー事業）にも参加し、生活に困窮する子育て家庭の支援にも当たっている。スマイルサポーターを配置し「大阪しあわせネットワーク」の会員となっている施設は、社会貢献事業に取り組んできた高齢者施設などと同様に、①総合生活相談と緊急窮迫した生活困窮状況に対し、食料の提供や家賃・公共料金の支払いなどの現物給付による経済的給付を行う（生活困窮者レスキュー事業）、②施設や職員など、社会福祉法人が有する機能を活かし、居場所づくりや中間就労、困窮世帯の児童に対する学習支援など、様々な地域貢献事業を行う、③こうした体制や活動を支える財源として、社会貢献基金に一定の拠出を行う、ことになる。保育部会の会員は、園児の定員に応じて、1定員につき1,000円（年額）拠出している（2017年（平成29年）12月現在）。大阪しあわせネットワークのなかでは、スマイルサポーターを配置する保育所や認定こども園は、主として子どもの福祉に関わって、教育・保育の専門性を活かし、生活に困窮するなど、日常生活において支援が必要な子育て家庭に対し、コミュニティソーシャルワーカー（CSW）や関係機関・団

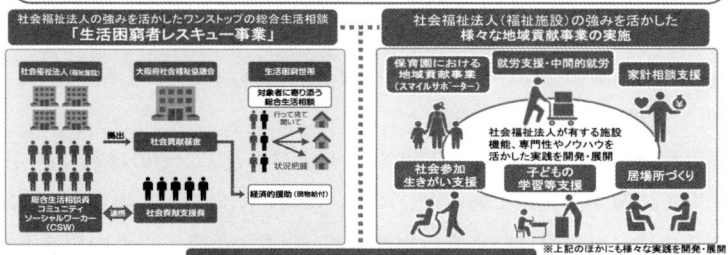

図3－2　大阪しあわせネットワーク事業
大阪府社会福祉協議会作成資料

体と連携しつつ、当該家庭を丸ごと支える役割が期待されている。

このようにスマイルサポーターを配置する保育所や認定こども園の役割は、一般的な保育所および認定こども園に求められる子育て支援のための相談援助にとどまらない。社会福祉法人制度の本旨にしたがい、経営する施設の様々な機能を地域に展開し、地域貢献に取り組もうとするものである。社会福祉法24条2項にもあるように、相談活動などを通じて、日常生活において支援を必要とする子育て家庭を発見した場合には、関係機関と連携し必要な制度・サービスにつなぐ。また、活用できる制度・支援が存在しない場合には、生活困窮者レスキュー事業の経済的援助の仕組みなども活用しつつ、無料または低額な料金にて当面の生活支援を行う。個別支援にとどまらず、必要とされる地域の社会資源を、社会福祉法人および関係機関・団体などと連携し開発し、さらには必要に応じ社会福祉法人による公益的事業として展開する。こうした取り組みを通じて、一人ひとりの子どもが、地域社会に温かく見守られながら、安心し健やかに成長することができる地域社会の実現に寄与することを目的とする。

2. スマイルサポーター事業の現状

事業内容としては、保育所・認定こども園にスマイルサポーターを配置し、主として地域の子育て家庭に対し、育児および生活課題に関する相談について包括的に応じ、ワンストップによる寄り添い型支援を提供する。スマイルサポーターの主たる役割としては、主として子育て家庭の保護者、保育所等を利用する保護者からの相談を受ける。問題の早期発見を心がけ、日常的かつ継続的な関係のなかで、日ごろの様子を観察し、おかしいと感じたら声をかけるところから、相談につなぐことも大切である。保護者の気持ちに寄り添い、悩みを受容・共感し信頼関係を作りながら、子育て以外の問題についても傾聴し、包括的な相談・支援を行うことを基本としている。

実際の相談件数は、年間およそ50,000件以上にも及ぶ。そのほとんどが、保育・子育てに関する相談であるが、障がいについての相談、虐待やDVについての相談、就労や失業についての相談など、保育・子育て以外の相談事例が、1割ほど存在する。相談するのは、保育所や認定子ども園の利用者が多いが、地域住民やサークル活動をしている参加者、地区福祉委員等から相談を受けることもある。

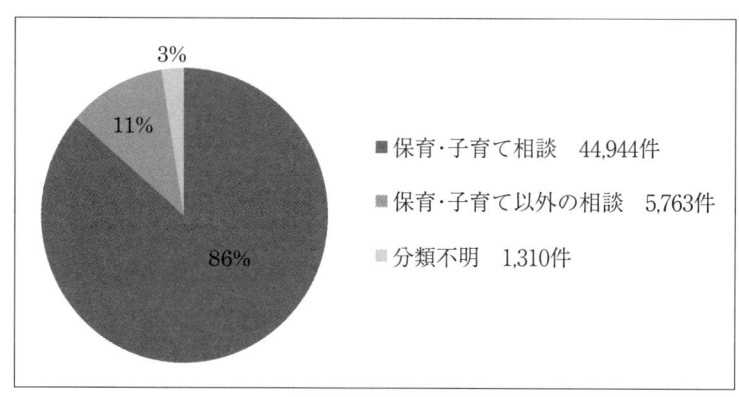

図3－3　26年度スマイルサポーター相談件数
大阪府社会福祉協議会保育部会26年度調査をもとに筆者作成

　子育て家庭の置かれた状況は多様である。相談内容に応じて必要な情報を提供し、スマイルサポーター等が励まし適切な助言を与えるだけで、保護者本人が問題を解決できる事例が大部分である。しかし、他方では、シングルマザー、貧困や疾病、障がいなど、家族の抱える生活課題が、子どもの育ちに影響を及ぼす場合も少なくない。スマイルサポーターを配置する保育所や認定こども園は、保育・子育て以外の様々な生活課題に対しても、ワンストップで相談・助言を行う体制を整えている。もちろん、相談・助言にとどまらず、必要に応じて生活課題に対する支援も行う。

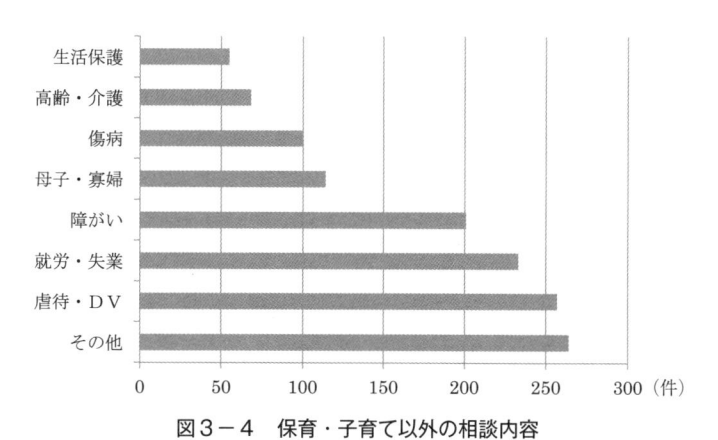

図3－4　保育・子育て以外の相談内容
大阪府社会福祉協議会保育部会26年度調査をもとに一部修正し筆者作成

　とりわけ、生活困窮など家庭全体を支援する必要がある事例においては、育児や保育、児童福祉に関わる問題に限定せず、経済的な困窮、医療・保健・介護、福祉・生活保護、住まい、就労、地域との関係など、家族が抱える生活課題を幅広く把握し、関係機関と連携し必要な支援が一体的・包括的に提供されるように支援する。なぜならば、困っている問題は、育児や保育以外にも存在し、経済的困窮や家族の障がいなど、様々な複合的な問題が関連していることも少なくないからである。こうした事例では、育児や保育についての助言や必要となる制度についての情報提供をしても、問題解決にはつながらない。スマイルサポーターは、継続的な関わりのなかで信頼関係を作り、育児や保育以外の問題を抱え込んで困っていると思われるケースでは、繰り返し相談の機会を設けるなどし、初回相談では語られなかった背後にある生活課題を聞き出すよう努めている。

3．主たる事業内容

　こうして得られた情報をもとに、相談者の生活課題をアセスメントし、具体的な支援ニーズを明確にする。家族が抱える障がいの問題や介護の問題に困っているのであれば、コミュニティソーシャルワーカー等と連絡を取りつつ、協働し家庭を訪問し生活課題の把握に努める。スマイルサポーターは、福祉事務所など関係機関や団体、社会福祉協議会および他の福祉施設のコミュニティ

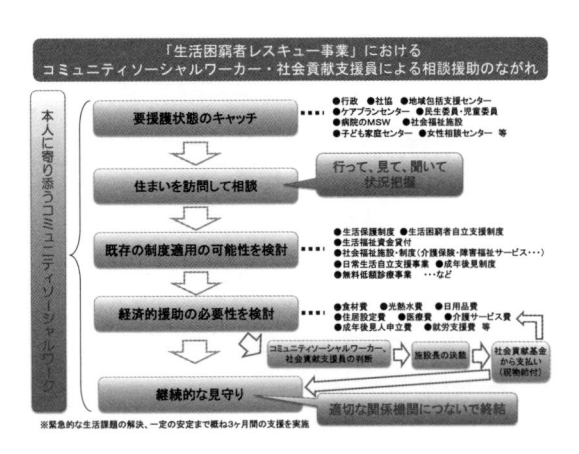

図３−５　「生活困窮者レスキュー事業」における支援のプロセス
大阪府社会福祉協議会作成資料

ソーシャルワーカー、地域の民生委員等と、日ごろから顔の見える関係を作ることによって、包括的な相談支援が可能となる。

　主たる事業内容は、①面談あるいは訪問による現状の把握、②アセスメントおよび支援計画の作成、③関係機関との連携による福祉サービスの斡旋・提供、④経過観察（継続的な見守り観察）と実施した支援の評価、⑤地域貢献活動の利用啓発、⑥地域の社会資源の把握と関係構築、などがある。スマイルサポーター事業においては、スマイルサポーターが一人で上記の業務を担当するわけではない。園長、主任と連携しつつ、他の保育者からも協力を得ながら、役割分担を確認しつつチームとしてこうした業務を進めていく。チームワークの構築にスマイルサポーターの役割が大切になる。

　なお、制度が対応していないから支援できないというのでは、複合的な生活課題を抱える家庭に対し、子どもの最善利益に配慮した問題解決は難しい。制度が対応していないのであれば支援に必要な地域の社会資源の開発・展開することがめざされるべきであろう。スマイルサポーター、保育者個人のレベルでも、保護者相互のネットワークを活用したインフォーマルな活動プログラムを作り出す、などが考えられる。保育所・認定こども園として、職員や施設、生活困窮者レスキュー事業を活用し、制度外ニーズに対しても、食材の提供や公共料金の支払いなど、必要な個別支援を行う。さらには、社会福祉法人として、地域住民や関係団体と連携し、新たな社会福祉を目的とする事業を企画実施するなどが考えられる。

第4章
保護者からみた相談のしやすさ

（鶴　宏史）

　生活課題を抱える保護者への支援を行うに当たっては、「相談のしやすさ」が重要なものとなる。では、保育所や認定こども園を利用する保護者は、どのような条件であれば保育者に自らの子育てや子育て以外の悩みを相談するのか、つまり、保護者からみた保育者への相談のしやすさとは何か。保育所を利用する保護者へのインタビューの結果、基盤条件、誘因条件、実践条件という三つの条件が明らかになった。

1．基盤条件

　基盤条件とは日常的な保護者へのアプローチ、信頼される施設運営、地域との交流の三つの項目から成る条件である。これらは、直接的に保護者が保育者に悩みを相談するための条件ではない。しかし保護者に対して、保育者や保育所等に対する安心感と信頼感を与えることから、相談のための基盤といえる。

（1）日常的な保護者へのアプローチ

　保育者の日々の保護者への関わりが保護者に安心感を与え、信頼関係を築く基礎となる。すなわち、保育者が保護者に**こまめな声かけ**をしたり、保護者の**小さな変化に対する気づきや園の状況の説明**を伝えたりすることで、保護者は安心感を得るとともに保育者へ信頼を寄せるようになることがうかがえた。

　また、保育者が**子どもを話題とした意図的な会話**をし、**子どもの成長を喜び合う**ことで、保護者は保育者がわが子のことを理解していることを感じ、保育所等や保育者に対する信頼を強めることにつながっていた。

（2）信頼される施設運営

　保育所や認定こども園が、保護者に信頼される運営をすることが保護者に安心感を与え、保育所や認定こども園への信頼を高めていた。

　保護者は、日々の送迎や行事などを通して、個人としての子どもの尊重、子どもの可能性への信頼、子どものペースに即した関わりといった保育所等の**質の高い保育業務**を実感することで、安心感を覚える。同時に、**園内職員の円滑**

なチームワークをみることによって、保護者は安心感を得ていた。

　また、保護者は保育者との関わりのなかで、**保育者の専門性向上のための努力**を感じ取ったり、保育者が子どものケガに対する説明責任などの**保育の説明責任**をきちんと果たすのをみたりして、保育所等への信頼感を高めていることもうかがえた。

（3）地域との交流

　保護者が、保育所や認定こども園は身近な頼れる場所で、他者とつながれる場所だと認識すれば、園への信頼を高めるようである。

　日々の関わりや対応を通して、保護者が保育所等を**日常的な拠り所**や頼れる場所と認識すれば、多大な信頼を寄せるようになる。また、保護者が、保育者は子どもだけでなく保護者自身のことも気にかけていることを感じ取り、**親同士の関係構築**を保育者が大切にしていることを認識すると、より保育者への信頼感が高まることがうかがえた。

　さらに、保育所等は卒園児の保護者の受け入れや地域の子育てを支える取り組み、地域住民同士がつながるような取り組みなどの、**在園児以外の多世代の受け入れ**を行っていることを保護者が認識すれば、子育てやそれ以外の悩みについても相談してもよいのだという安心感を覚えることにつながっていた。

２．誘因条件

　誘因条件は、保育者としての行動特性、敷居の低い相談対応、相談場所であることの周知から成り、保護者が悩みを抱える時に相談を決断させる直接的な条件である。

（1）保育者としての行動特性

　保育者のコンピテンシー（職務や役割における効果的ないしは優れた行動に結果的に結びつく個人特性）が、保護者が保育者に相談するか否かのきっかけになることがうかがえた。

　例えば、保育者の笑顔、話しかけやすい雰囲気、忙しい姿をみせない様子をみたり、保育者の子どもへの愛情や人への興味、高いコミュニケーション力を感じ取ったりすることで、保育者に話をしようと決断することが挙げられた。

（2）敷居の低い相談対応

　保育者が、保護者の相談したい気配を察知して対応したり、表情から保護者

の気持ちを読み取り、保護者の親の心配事の予測をして対応したりする**相談ニーズの読み取り**を行うことで、保護者は保育者に相談してもよい気持ちを抱いていた。

また、保育者が細かいことへの相談対応を行ったり、**園内のあらゆる場所での相談対応**を行ったりすることで、保護者は気楽に保育者に相談してもよいと感じることもうかがえた。

（3）相談場所であることの周知

保育所等が相談できる場所とわかれば保護者はより相談しやすいと感じるようである。

保護者が保育者に相談するきっかけとして、保護者が、保育所等と**関係機関とのつながり**があると認識していることがある。さらに、保護者がわが子に関することを相談した際に、保育所等が**関係機関への照会**をしたり、**関係機関の紹介**をしたりすると、保育所等への信頼感が高まり、今後も相談したいと考えるようになる。

また、掲示などを通して、保育所等が子育て以外の悩みについても**相談場所であることの周知**がされれば、保護者は保育所等で、子育てに関する悩みだけでなく子育て以外のことの相談をしてもよいと認識していた。

3．実践条件

実践条件とは実際の相談に関わる条件で、対人援助技術の活用と、相談内容に応じた具体的対応から成る。

（1）対人援助技術の活用

相談の際、保育者が**カウンセリングマインドに基づく基本的姿勢**で保護者に関わると、保護者は安心して話をすることができる。具体的には、保護者を受容しながら保護者の話を傾聴し、保護者の気持ちに共感するとともに、個人として尊重する態度を示し、保護者の不安をあおらない対応をすることである。

さらに、保育者が**保護者の生活の背景に理解**を示すことで、保護者による保育者への信頼感が深まっていた。

（2）相談内容に応じた具体的対応

保護者は相談の際に、話を聞いてもらうだけなく、相談の内容に応じた具体的な対応を求めているようである。

　保護者の相談に対して、保育者が**丁寧な子ども理解に基づく保護者対応**をすることで保護者は安心感を覚え、さらに**保護者のニーズを見越した積極的対応**や**専門的な解決方法を伝える**ことで、保護者は相談してよかったという気持ちを抱くようになる。

　また、状況に応じて別室で対応するといった、**深刻な相談に対する個別的対応を丁寧に行う**ことによって、保育者への信頼が深まると考えられた。

4．保育者による相談に至るプロセス

　保護者が保育者に自身の悩みを相談する条件と、その過程は以下のようにまとめられる（図4−1も参照）。

　保護者は、保育者の日常的な保護者へのアプローチを通して保育者や保育所等に信頼を寄せる。同時に信頼できる保育所運営や地域との交流を目の当たりにすることで、保育者や保育所等に対する安心感を持つとともに信頼を深め、「何かあれば相談しようかな」という感覚が無意識的・意識的に育まれる。このような日々の関わりなどから保護者と保育者の信頼関係が醸成され、相談のための基盤が整う。

　その安心感と信頼感が根底にあり、保護者が子育てに関する困難などを抱える際に、**保育者としての行動特性**によって保護者は相談しやすい雰囲気を感じ取る。そして、保育者の**敷居の低い相談対応**によって保護者は話すことが触発される。また、保護者への**相談場所であることの周知**は、保護者が安心して保育者に悩みを相談するきっかけとなる。

　実際に相談が始まれば保育者が**対人援助技術の活用**によって保護者に接することで、保護者は保育者を信頼し、心を開き様々なことを語り出す。そして、保育者は保護者の話を聞くだけでなく、**相談内容に応じた具体的対応**をすることで、保護者の抱える悩みが軽減される。この結果、保護者は保育者の対応に満足し、さらに保育者や保育所等への信頼が高まり、これらを基盤に、再び相談しようと考えたり、子育て以外の悩みを相談したりするようになる。

　保育者はこれまで示したことを日々実践していると推察される。重要なことは、本章で示した内容やプロセスを意識して、意図的に親子に関わり、支援することである。そのためには、園内での相談体制の整備（第5章）、保護者支

援における基本的姿勢（第6章）や保護者支援に必要な援助技術（第7章）の
習得が求められる。

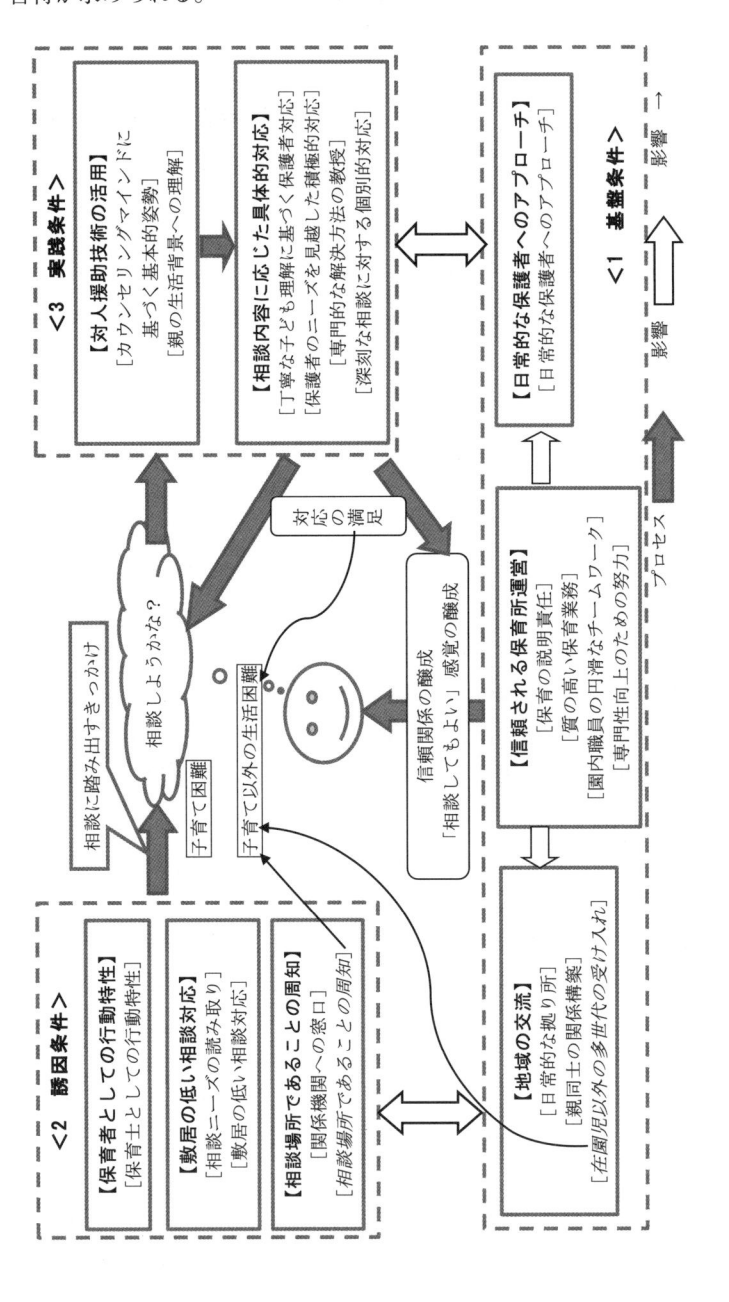

図4−1　保護者が保育者に相談をする条件と相談過程の全体図

出典：鶴宏史・中谷奈津子・関川芳孝（2017）「保育所を利用する保護者が保育士に悩みを相談する条件 —保護者へのインタビューを通して—」
『教育学研究論集』第12号、37頁。

第5章
相談体制の整備

（鶴　宏史）

　相談体制の整備とは、円滑に保護者支援が実施できる条件を整えることである。相談体制を確立するためには、①社会資源の知識を持つこと、②早期発見に対する知識を持つこと、③相談業務が行えるよう必要な研修を受講すること、④相談しやすい空間的環境づくりを心がけること、⑤相談業務を行っていることを保護者や地域に知らせること、が挙げられる。②については「第8章**2** 日常的な観察と早期発見」で解説しているので、本章では①③④⑤について述べる。

1．社会資源に関する知識を持つ

　保護者支援に際して、他機関・施設を紹介したり、仲介や連携したりする場合がある。そのために、自園以外の機関や施設などの社会資源について、その概要を含めて十分に理解することが必要である。まずは、自園のある地域内の機関や施設の把握に努める。必要とされる機関や施設が地域内にない場合もあるため、隣接する地域に関する情報を求める場合もある。

　加えて、保護者の支援に当たっては、様々な子育て家庭の生活全般に関わる要因が影響を及ぼしている場合があるため、子ども・子育て支援に限らない幅広い社会資源を把握することが必要である。例えば、地域包括支援センター、生活困窮者自立支援事業に関わる相談窓口、マザーズハローワーク・マザーズコーナー、婦人相談所や家庭裁判所などが挙げられる。表5－1に保育や子育て支援に関する機関や施設、事業を列挙している。自分自身の理解度などをチェックしてみよう。

2．相談業務が行えるよう必要な研修を受講する

　保育に限らず、保護者支援においても自己研鑽は求められる。研修は、園内研修と外部研修に分けられるが、園内研修については園長や主任等によるスーパー

ビジョンや、クラス単位や職員全体でのカンファレンスといった方法がある。

　外部研修については、保護者支援、対人援助（ソーシャルワークやカウンセリング）、児童虐待などに関する研修を適宜受講するやり方がある。なお、受講し学んだ内容については、自園に持ち帰り職員間で共有することが求められる。

３．相談しやすい空間的環境づくりを心がける（第４章２−(2)参照）

　園内において、どこででも話をしたり、身近な相談をしたりできる雰囲気づくりや環境づくりは重要である。そのためにまずは、くつろいだ雰囲気で保護者とやり取りができる環境を用意することが求められる。例えば、施設の玄関周辺などに少し保護者（親子）がとどまれる場所を設けたり、絵本コーナーを設けたりして送迎時にひと息つけるようにするなどである。それによって保育者が声をかける機会を持てるメリットもある。

　また、個別の相談が必要な場合もあるので、相談室を設けることも求められる。プライバシーが守られるような構造や雰囲気にすることに加え、殺風景な部屋では話しにくいので、花を置くなど相談室の環境を温かいものにする必要がある。

４．地域貢献事業利用への啓発と推奨（相談業務を行っていることを保護者や地域に知らせる）（第４章２−(3)参照）

　相談場所であることの周知が、保護者から園への相談につながることは第４章でも指摘されている。園の門扉に子育て以外の相談も受け付けることを知らせる看板やポスターなどを掲示することや、入園式や保護者会、保育参観などで保護者や地域に事業内容を啓発することも有効であろう。

　また、送迎時に保護者の目に留まるよう、職員の保護者支援に関する研修受講証や簡単な説明などを、玄関ホール、保育室、遊戯室などに掲示することも考えられる。さらに、園外での多様な地域活動、会議などの機会を捉え、園が担う相談機能について発信し相談を推奨していくことも求められる。

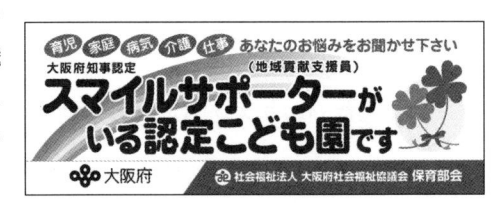

図５−１　大阪府地域貢献事業で使用されている看板

表5−1　支援に必要な社会資源

施設・機関・事業名		概要	概要を理解している	地域内にある	何らかの接点がある
認定こども園		就学前の子どもに幼児教育・保育を提供するとともに、地域における子育て支援を行う。			
幼稚園		幼児を保育し、その心身の発達を助長する。			
保育所		保育を必要とする乳幼児の保育を行う。			
地域型保育事業	小規模保育	利用定員6人以上19人以下の保育を行う。			
	家庭的保育	利用定員5人以下の保育を行う。			
	居宅訪問型保育	保育を必要とする子どもの居宅で保育を行う。			
	事業所内保育	従業員の子どもに加え、地域で保育を必要とする子どもにも保育を行う。			
地域子ども・子育て支援事業＊	子育て短期支援事業	保護者の疾病などの理由で家庭養育が一時的に困難となった子どもを、児童養護施設等に入所させ、必要な保護を行う。			
	乳児家庭全戸訪問事業	乳児のいる家庭を訪問し、子育てに関する情報提供、親子の状況の把握、子育てに関する相談援助を行う。			
	地域子育て支援拠点事業	乳幼児及びその保護者が相互に交流を行う場所を開設し、子育ての相談、情報提供、助言その他の援助を行う。			
	一時預かり事業	家庭での保育が一時的に困難となった乳幼児について、保育所などにおいて一時的に預かり、必要な保護を行う。			
	病児保育事業（病児・病後児保育）	疾病にかかっている保育を必要とする乳幼児、家庭での保育が困難となった小学生を保育所、病院などの施設において保育を行う。			
	子育て援助活動支援事業（ﾌｧﾐﾘｰ・ｻﾎﾟｰﾄ・ｾﾝﾀｰ事業）	子どもの一時的な預かり、外出支援について、援助を受けることを希望する者と援助を行うことを希望する者の連絡・調整、講習の実施その他の援助を行う。			
	放課後児童健全育成事業（放課後児童クラブ）	保護者が就労などにより昼間家庭にいない小学生について、放課後に適切な遊び及び生活の場を与え、健全育成を図る。			
市町村の所管部局		各自治体の子ども・子育て支援を担当する部局。			
福祉事務所		生活保護、児童福祉、高齢者福祉、障害者福祉、母子・寡婦福祉に関する援護・育成・更生の措置に関する事務を行う。			
家庭児童相談室		福祉事務所に設置された相談所で、子どもに関する様々な相談に応じ、適切な機関やサービスに関する情報提供、仲介などを実施する。			
児童相談所		児童に関する様々な問題の相談に応じるとともに、調査・判定を行い、それに基づき必要な指導を行う。また必要に応じて一時保護を行う。			
保健センター		地域住民に対する健康相談、保健指導、予防接種や各種検診、その他の地域保健に関する必要な事業を行う。			
市区町村社会福祉協議会		地域の多様な福祉ニーズに応えるため、地域のボランティアと協力しながら地域の特性を踏まえて独自の事業を展開する。			
民生委員・児童委員		民生委員は、厚生労働大臣から委嘱され、各地域において、住民の立場で相談・援助を行い、社会福祉の増進に努める人で、児童委員を兼ねる。児童委員は、地域の親子を見守り、子育ての不安や妊娠中の不安などの相談・支援などを行う。			
主任児童委員		子どもに関することを専門的に担当する児童委員。			
指定障害児相談支援事業所		障害のある子どもが障害児通所支援（児童発達支援や放課後等デイサービス等）の利用前に、障害児支援利用計画作成、モニタリングなどの支援を行う。			
児童発達支援センター		障害児への日常生活に関する指導や集団生活のための訓練を行う。他にも児童デイサービスや保育所などへの訪問支援も実施する。			
児童養護施設		虐待など様々な事情で、家庭で生活ができない子どもを入所させて養護する。さらに退所者への援助も行う。			
乳児院		様々な事情で、家庭で生活ができない乳児を入院させて養育する。さらに退院者への援助も行う。			
マザーズハローワーク・マザーズコーナー		子育てをしながら就職を希望する者に対し、子ども連れで来所しやすい環境を整備し、職業相談、地方公共団体等との連携による保育所等の情報提供、仕事と子育ての両立がしやすい求人情報の提供等の就職支援を行う。			
地域包括支援センター		高齢者の多様なニーズや相談に総合的に対応し、必要なサービスを包括的・継続的に調整する地域の拠点。介護等に関する総合的な支援、虐待予防、介護予防マネジメント等を実施している。			

＊他に、利用者支援事業、延長保育事業、実費徴収に係る補足給付を行う事業、多様な事業者の参入を促進する事業、養育支援訪問事業、要支援児童・要保護児童等の支援に資する事業、妊婦健診などがある。

第6章
保育者に求められる基本的姿勢

（鶴　宏史）

　保育者の基本的姿勢とは、業務を行う際の態度や心構えである。つまり、保護者に対する態度や支援を行う際の心構えといえる。これらを実行することで、保護者との信頼関係の構築や効果的な支援を実現させるのである。

1．子どもの最善の利益を考慮し、子どもの福祉を重視する

　子どもの最善の利益とは、子どもに関係することを決定する際に、その子どもにとっての最善は何かを軸に、意思決定する必要があることを意味する。保育者にとって、子どもの最善の利益を考慮することは業務の大前提であるとともに、子どもの利益と保護者の利益がいつも一致するものではないことも念頭に置く必要がある。

　しかし、このことから子どもの利益と保護者のそれが対立するものと捉え、子どもの利益を優先させることではない。保護者を支援することが、子どもの利益にどのように影響するのか、子どもに利益をもたらすのか、その相互作用やプロセスを考慮することが必要である。

2．保護者とともに、子どもの成長の喜びを共有する（第4章1－(1)参照）

　日々、子どもは成長し、その成長する姿は保護者に喜びを感じさせるものである。保護者と関わるなかで、子どもへの愛情や成長を喜ぶ気持ちを共感し合うことで、保護者は子育てへの意欲や自信をふくらませる。

　そのためには、保護者に共感する姿勢が求められる。すなわち、保護者の子育てについて理解しようとする姿勢を持つとともに、保護者の心情を共有することが必要である。さらに保育所での子どもの姿を的確に伝えられるようにすることが求められる。そのためには、子ども一人ひとりのことを十分に把握するとともに、子どもの具体的な姿や様子を意識して保護者に伝える必要がある。

3．保護者を個別化し、保護者の背景を理解する（第4章3－(1)参照）

　保護者も子どもと同じように一人ひとり個性を持った人である。また、保護者は、親としての役割だけを持つわけではない。職場、地域、家族や親戚での役割など、様々な役割を持っており、同じ子育て家庭とはいっても、各家庭の状況や背景、ニーズは異なるものとなる。

　そのため、保護者の抱える生活困難が似たものであっても、それぞれの問題として捉える必要がある。その際、「この人は○○という人だ」という決めつけや、「これは児童虐待ケース」と安易な分類と画一的な解決は厳禁である。保護者一人ひとりに応じた援助を行うことが求められる。その第一歩として、保育者は、保護者の様々な関係性や状況を把握することが必要となる。

　つまり、親子の背景を知り、何が起こっているかを知ろうとすることが重要である。例えば、「□□さんは、親なのに○○○ができない。だからダメな親だ」ではなく、「□□さんは、親なのに○○○ができない。それはなぜだろう」「どういう状況なのだろうか」と、背景を知ろうとする、わかろうとすることが重要なのである。

4．保護者を受容し、保護者の自己決定を尊重する（第4章3－(1)参照）

　保護者支援では、一人ひとりの保護者を尊重しつつ、ありのままを理解し受け止める「受容」が基本的姿勢として求められる。その際、不適切な行動を無条件に許容するのではなく、そのような行動も保護者理解の手がかりとする姿勢を保つことが重要である。例えば、虐待などの権利侵害行為そのものを許容するわけではない。保護者の「虐待する」行為には客観的な評価や判断をするが、なぜ虐待に至ったのかそこに至る背景や状況、感情を受け止めるのである。

　また、異なる価値観を持つ保護者を一方的に非難したり、こちらの価値観を押しつけたりするのではなく、保護者の価値観はその人の価値観として認める姿勢も大切である。

　さらに、人が問題を抱える時、その問題に対する感情を表すことは、問題解決にむかう原動力となる。そのため、保護者が感情—特に怒りや悲しみなどの否定的な感情—を表すことを認めるとともに、それができるように保育者は関わらなければいけない。保護者が否定的な感情や態度を保育者にぶつける時、

保育者は保護者の感情にのみ込まれないよう、落ち着いて、保護者の感情を受け止めつつ対応する必要がある。そのために、保護者の背景や心情を理解するとともに、保育者自身の感情を自覚することが求められる。

そして支援の過程では、保護者の自己決定、すなわち、保育者は保護者自らが選択し、決定できるように支えることが求められる。それは、ただ単に保護者に決定を丸投げしたり、保護者の決めたことを保護者の自己責任として放任したりすることではない。保育者は保護者の持つ力を信じながら、決定までの過程で生じる不安や葛藤を受け止めつつ、必要に応じて情報提供するなど、保護者に寄り添いながらともに歩む姿勢が必要である。

5. 守秘義務

保育者は職務上、子どもや保護者のプライバシーを知り得る立場にあるため、親子に関わる情報を第三者に漏らしてはいけない。この点は、職業倫理でも、法律でも求められている。児童福祉法において、保育士は「正当な理由がなく、その業務に関して知り得た人の秘密を漏らしてはならない。保育士でなくなった後においても、同様とする」（第18条の22）と規定されている。

ただし、児童虐待など、秘密保持が子どもの福祉を侵害し、子どもの最善の利益を図れない場合は、必要な対応のために、関係機関への通告や協議が認められている。

第7章
保育者に求められる援助技術

（鶴　宏史）

　保育者には様々な援助技術の習得が求められるが、ここでは基本的なコミュニケーション・面接技法を取り上げる。これらは、保護者との信頼関係構築や情報収集のための手段となるものである。

　表7－1は「マイクロカウンセリングの技法」の一部である。これらは保護者の話を傾聴するための技法である。傾聴とは、相手の話を熱心に、積極的に耳を傾けることである。保育者の立場からいえば、「私は、あなたの話をちゃんと聴いていますよ」というメッセージを伝える技法である。

1．かかわり行動

　かかわり行動は、保護者と対面する際の、視線、声の質、言語的追跡、確実な身体言語などで「あなたの話を聴いていますよ」を言葉以外で伝えるための技術と捉えられる。ここでは、視線と確実な身体言語を取り上げる。

（1）視線

　我々は目を見ないで話を聴くと、相手は聞いてもらっているという実感を持てないようである。そのため、相談の際も、基本的には相手の目を見て、話を聴くことが求められる。とはいえ、相手の目を見るといっても、目だけをずっと見続ける必要はない。相手の顔全体から首くらいまでの範囲を優しく追いかけるイメージで見るとよい。あまり凝視すると、相手は居心地が悪くなり、むしろ話しにくくなる。

（2）確実な身体言語

　言葉以外のその人の思いが伝わるのは仕草や姿勢である。そのため、身体言語を効果的に使えば、保護者に「私はあなたの話を聴いていますよ」と伝えることができる。イスに座って聞く場合は、イスに深く腰かけて、少しリラックスした姿勢で背もたれにもたれ、そこから背中を起こし、前かがみになる。これが、話を聴く時の基本姿勢である。相手との関係で差はあるが、大切なことは、自分で「話を聴いている姿勢」をきちんと意識することである。

逆に、望ましくない身体言語は、表7－2の「マイナス」に示されるものである。これらの態度や行動は、相手に「自分の話を聞いていない」「私の話は嫌なのか」という印象を与える可能性が高い。

２．質問技法

　質問技法は、情報収集の手段であるとともに、相手を会話の波に乗せるためにも用いる。「開かれた質問」と「閉じた質問」の２種類がある。

（1）開かれた質問

　この質問は、「いつ」「どこで」「誰が」「何を」「どのように」などを用いた質問形態である。つまり、次に説明する「閉じた質問」のような「はい」「いいえ」では答えられない質問である。相手の話をさらに深めて、情報を収集するために使用する質問であり、相手から見れば、自分が考えることで、自分の状況を振り返ることができる質問である。

> 保護者：この子といると、イライラすることがあって…。
>
> 保育者：イライラする時があると…。どのような時にイライラするのですか？　差し支えなければお聞かせください。
>
> 保護者：ええと…。ごはんの時ですね。ごはん（離乳食）をなかなか食べてくれなくて…。

　保護者が「イライラすることがあって」を受けて、下線部「どのような時にイライラするのですか？」と開かれた質問で、話を深めようとしている。このように、具体的な状況、考え方や行動を聞き出したい時に有効である。

　また、話の要点を詳しく聞きたい時に「そのことについて、もう少し詳しく話してくれますか」とか、相手にその人自身の気持ちを自覚してほしい時に「その時、どのように感じましたか」というように用いる。

　注意点は、「なぜ（why）」を多用しないことである。理由は二つあり、第一にこの質問形態は、質問される側が、自分は責められていると感じやすいためである。尋問のように感じるのである。第二に、この質問は話を決定的に深め、質問される側が一人で考え込む可能性が高い。それ自体が悪いのではないが、一緒に考えて、聞いてほしいと思っている相手を一人ぼっちにする可能性が高いのである。

（2）閉じた質問

閉じた質問とは「はい」「いいえ」で答えられる質問である。この質問は、初対面の場合に相手の緊張をほぐす時や、事実関係を確かめて話題を絞り込む時に使用する。

前者の初対面で相手が緊張しているような場合に、「外は暑かったですか？」「ご自宅は〇〇市内ですか？」などの質問であれば、「はい」「いいえ」だけ（首をタテやヨコに振るだけ）で答えることができる。このような質問によるやり取りを何度か繰り返し、相手の心を開くようにする。しかし、いつまでも閉じた質問ばかりでは、まるで尋問のような雰囲気となり、話が深まらない。

そのため、閉じた質問は、出会ったばかりの時期や事実確認が必要な場合に必要最小限にとどめ、基本的には、開かれた質問を使って相手に話してもらいながら、保育者は丁寧に聴くことが求められる。

3．明確化技法

この技法は、共感的理解の基礎となる技法である。

（1）はげまし技法

この技法は、相手の話を促すための技法であり、「相づち」と「繰り返し」がある。もちろん、本章「1．かかわり行動」も丁寧に行う必要がある。

「相づち」は、話を聞いていることを相手に伝える、身近で、効果的な手段である。なぜなら、話を聞いていなければ相づちは打てないし、反論したい時も相づちは打てないためである。つまり、相づちは、基本的に肯定的な意味合いを有している。とはいえ、漫然と行えばいいわけではなく、適切かつ意図的に行うことを意識しなければならない。

はげまし技法のもう一つは、「繰り返し」で、相手の発言の一部を繰り返す技法である。

保護者：ええと…。ごはんの時ですね。ごはん（離乳食）をなかなか食べ
　　てくれなくて…。
保育者：ああ、ごはんの時ですか。
保護者：そうです。イスの上に立ったり、テーブルに這い出そうとして…
　　ごはんの間、最初から最後までそんな感じなんです。

2 –(1) の面接の続きである。保育者のいつイライラするかの質問に対して、保護者が「ごはんの時」と答え、保育者が下線部のように繰り返している。あるいは「ああ、食べてくれないんですね」と繰り返すこともできるが、保育者は「どのような時」と質問したので、「ごはんの時」の部分を繰り返している。

(2) 言い換え技法

この技法は、保護者の話をよりわかりやすくして返すものである。言い換えることで、保護者に自分が話した内容の確認、追加の説明や訂正の機会を提供する。

> 保護者：そうです。イスの上に立ったり、テーブルに這い出そうとして…
>   追いかけてつかまえて…ごはんの間、最初から最後までそんな感じなんです。
> 保育者：ごはんの間、ずっと動きまわっているんですね。
> 保護者：ええ、押さえつけると子どもは嫌がるし、私はぐったりです。

ここでは、保護者の言葉を受けて、下線部のように言い換えて、整理をし、話の内容を確認している。

(3) 要約技法

これは、保護者の発言を的確にまとめて返す技法である。要約によって、保護者の考えをまとめたり、内容を理解する手助けをしたりすることができる。特に、保護者が混乱している時、話が飛びそうになった時に効果的である。

また、次の話題にいきたい時や、相談時間が終わりに近づいた時など、一区切りつけたいタイミングで使用できる。その場合、「これまでの〇〇さんの話を整理すると」で始めて要約するとよい。

4．感情の反映技法

この技法は、保護者の感情や気持ちに焦点を当て、それらに接近するための技法である。保護者の感情を受け止めて、対応することで、より共感的に関わることができる。保護者の立場でいえば、何らかの問題に対する感情に向き合った方が、整理ができ、問題に向き合いやすくなる。

この技法は、感情に焦点を当てながら、これまで述べた質問技法や明確化技法を使用する。

> 保護者：ここ（保育園の園庭開放）に来るとほっとするんですが、他のお
> 　母さんたちをみていると、何かこう…。
> 保育者：よければ、その時の<u>あなたの気持ちをお聞かせください①</u>。
> 保護者：何か、自分だけがうまく子育てできていないように思えて、情け
> 　なくて、とてもつらく感じます。
> 保育者：<u>とてもつらいのですね②</u>。

　下線①は、開かれた質問を使って、感情表現を促している。それに対して保護者は「つらい」「情けない」気持ちを答えている。それを下線②のように感情表現を繰り返している。

　感情の反映技法では、より相手の立場で、相手の感情を読み解く力が必要になる。これには得意不得意があるが、大切なことは、保護者の感情への気づきである。そして、感情表現を表す言葉を豊富にしておく必要がある。

表7−1　マイクロカウンセリングの技法（一部）

技法名		具体的技法
かかわり行動	視線(アイコンタクト)	・適度に相手に視線を合わす。
	声の質	・落ち着いた声、明確で聞き取りやすい声で話す。
	言語的追跡	・保護者の話についていく（不用意に話を遮らない）。
	確実な身体言語	・話を聞いていることを態度で示す。話に合わせて身を乗り出す等。
質問技法	閉じた質問	・「はい」「いいえ」で答えられる質問。
	開かれた質問	・「いつ」「どこで」「誰が」「何を」「どのように」を用いた質問。
観察技法	観察技法	・保護者と自分との間で何が起こっているのかを観察する。
明確化技法	はげまし技法	・適切かつ意図的に相づちを打つ。 ・保護者の発言の一部を繰り返す。
	言い換え技法	・保護者の発言を別の表現で言い換えて返す。
	要約技法	・保護者の発言を的確に要約して返す。
感情の反映技法	感情の反映技法	・保護者の感情表現を適切に促す。 ・保護者の感情表現を言葉で繰り返す。 ・保護者の感情表現を別の言葉で言い返す。 ・保護者が持つ現在の感情を、言葉で共感的に返す。

出典：福原真知子・アレン・E. アイビイ・メアリ・B. アイビイ（2004）『マイクロカウンセリングの理論と実践』風間書房をもとに筆者作成。

表7-2　かかわり行動チェックリスト

マイナス	行動	プラス
• 上目使い • 目をそらす • 流し目 • 目を落とす • 射るような視線 • ぼんやりと焦点の合わない目 • 白い目で見る • にらみつける	視　線	• 穏やかな視線 • 目が合う
• 話の内容に的確ではない（無表情）	表　情	• 話の内容に的確である。
• ふんぞり返る • 斜めに構える • 前かがみ • 落ち着かない • 猫背 • 腰抜け • 手を用いて同調を示す • 髪の毛をいじる • もじもじと手をいじる • 顔に手をやる • 腕や脚を組む • 肘をつく • 貧乏ゆすりをする	姿　勢	• 話に合わせて身を乗り出す

出典：川島恵美（2000）「援助的コミュニケーション技法訓練プログラムの開発と効果測定」『社会学部紀要』第85号、71頁を一部修正。

第8章
生活課題を抱える保護者への支援プロセス

1 支援プロセスの全体像 （中谷奈津子）

　家庭だけでは対応困難な生活課題がある場合には、保護者とともに問題解決の糸口を探り直接支援や関係機関・団体へのつなぎを行うといった早期の対応が求められる。そのためには、二つの大きな役割がある。一つは、問題が発見されるまでの日常的な役割であり、もう一つは、相談受理や問題が発見された後の実際の支援プロセスでの役割である。

　以下、大まかな流れを紹介する。

1. 日常的な役割

（1）子どもと保護者に対する日常的な観察と関係構築
　日常的なアプローチ（第4章参照）を通して保護者との関係構築を図るとともに、子どもや保護者の小さな変化、生活の状況などを観察していく。普段の子ども、保護者、家庭状況などを意識的に把握しておくことで、ちょっとした生活の変化に気づきやすくなる。

（2）日常的な職員間の情報共有
　気になる様子の子どもや保護者が見られたら、職員間で積極的に情報共有を図るようにする。異なる立場や視点で捉え直すことにより、「気になる様子」が「気にすべき様子」に移行することもある。その際は、保護者にさりげなく様子をたずね、意図的な情報収集につなげていく。

（3）地域の人々との関係構築
　生活課題の早期発見は、園のみで行われるものではない。地域で生活する人々であっても自身の家庭の困難が深刻化したり、近隣家庭の課題や困難に気づき、対応について困惑する場合もある。地域の人々の気軽な相談窓口として機能するように、機会を捉えて地域の人々と顔が見える関係を作っておくことが望まれる。例えば現在でも、小中学生の体験学習や地域開放、高齢者との交流など様々な事業を行う園も多い。行事の遂行のみに目的を置くのではなく、地域の多様な人々との関係構築をも視野に入れる必要がある。

　また保護者支援は、園の対応だけで問題が解決するとは限らない。制度の隙間に支援ニーズがある場合、地域に期待される役割は大きい。例えば、地域でのちょっとした声かけや見守り、具体的なサポートが有効なこともある。ここで地域の人として想定されるのは、民生委員・児童委員、自治会関係者、ボランティア、地域の交流会やサロンなどで出会う人々等が挙げられるが、その人たちの特性や得意とすることなども把握しておくと、実際の依頼や連携・協働のための働きかけが容易になるものと思われる。

（4）フォーマルな社会資源との関係構築

　保護者支援を進めるためには、保育所や認定こども園の専門性を活かすとともに、その範囲や限界を知ることも求められる。地域の人々との関係構築だけでなく、フォーマルな社会資源との関係構築も必要であり、子育てに関わる関係機関やそれらの役割などについて理解しなければならない。フォーマルな社会資源とは、法律や通知などによって公的に整備された制度や資源あるいは専門職などのことを指す。市町村役場、児童相談所、福祉事務所、家庭児童相談室、保健所、保健センター、家庭裁判所、幼稚園、乳児院、児童養護施設、医療機関、高齢者施設、ハローワーク、婦人相談所、法テラスなど、非常に多様なものが挙げられる（表5－1を参照）。どこにどのような社会資源があるかといった把握だけでなく、そこで働く職員等との関係性が前提にあると、制度利用のための情報収集や連携・協働が容易になる。保育所や認定こども園のみで保護者支援を抱え込むことなく、様々な社会資源を活用したり、関係者と連携したりすることが必要となる。地域における保育や子育て、生活に関する情報を把握し、必要な情報やサービスが保護者に届くようにすることが重要となる。

（5）地域課題や社会資源の把握と俯瞰

　地域の歴史や特性はそれぞれであり、そこから生じる課題も地域によって異なる。その地域として、どのような課題が生じやすいのか把握しておくことが重要である。例えば、高齢化の進んだ地域であれば、介護や独居に関する問題が生じやすいであろうし、住民の転出入の多い地域であれば、新しく転入してきた人が孤立感を抱きやすい。さらに、それらに対してどのような社会資源があるのか、フォーマル、インフォーマルを問わず地域全体を視野に入れて把握しておくことが求められる。保護者や地域の生活課題が発見された時、それらの社会資源につなぎやすいという利点もあるが、新たな社会資源の必要性が浮き彫りになることもある。

　スマイルサポーター等を中心に、園がこれらの役割を日常的に担うことにより、保護者や地域の様々な生活課題を早期に発見し、適切に対応していく基盤ができていくものと思われる。

２．個別支援に対する役割

　次に、個別支援が必要となる場合の役割を概観する。

（1）第1ステップ：日常的な観察と早期発見

　普段の子ども、保護者、家庭状況などの把握から、普段とは異なる様相が見られた場合、それが生活課題発生の「兆候」や「サイン」として捉えられることもある。いくつかのサインが重なったら、より意図的な情報の収集を行い支援につなげていく。

（2）第2ステップ：相談受理

　相談の開始には、①保護者から直接相談を受ける、②祖父母等家族や親族から相談を受ける、③保育者が子どもや保護者の変化に気づき課題を把握する、④他機関・施設から支援を委託される、などのパターンがある。生活課題の早期発見・早期対応といった観点からすれば、保育者による課題の把握は重要であり、場合によっては園への相談を推奨することも求められる。

（3）第3ステップ：意図的な情報収集

　生活課題の兆候が見られたら、それが対応すべき課題か否かを見極めるために、状態の読み取りや意図的な情報収集が必要となる。保育場面での子どもの様子、保護者との会話、連絡帳の記入、忘れ物の有無、徴収金の支払い状況など家庭生活の困難がうかがえる情報は多岐にわたる。必要に応じて保護者との面談も行う。

（4）第4ステップ：情報の集約・整理と事前評価（アセスメント）

　施設保育は多くの職員によって成り立つものであり、時間帯や場面によって保護者の様子も異なる。適切な支援を行うためにはそれぞれの立場から見える情報を集約・整理し、生活課題や問題を明確化する作業が必要となる。

（5）第5ステップ：個別支援計画の作成

　支援目標、園内の役割分担、評価の時期や観点などを含めた支援計画を作成していく。深刻な課題であるほど園全体での検討が必要となるが、一方で、保護者の意向を踏まえること、保護者の自己決定を尊重することも忘れてはならない。

(6) 第6ステップ：具体的な保護者支援の展開

個別支援計画に基づいて、助言、承認、支持、方法の提示、対応の説明など具体的な支援を展開していく。園で対応しきれないと判断される場合には、適切な関係機関につないでいく。関係機関に関する情報収集や単なる情報提供のみならず、保護者が実際に関係機関につながるよう援助する。場合によっては付き添いや代弁、関係機関との継続的な連携なども視野に入れていく必要がある。

(7) 第7ステップ：子どもの保育を通しての支援

子どもへの支援が必要な場合には、子どもの情緒の安定を図り、食事、睡眠、清潔などを保障していく。保護者が安心し、肯定的な見通しを持てるよう配慮しつつ、子どもの状況をこまめに伝えていくようにする。

(8) 第8ステップ：経過観察および支援計画の評価・改善

具体的な支援が展開される過程では、意識的に経過を観察し記録するなどして保護者や子どもがどのような状態にあるか見守ることが必要である。また支援計画は、定期的に評価・改善することが求められる。保護者の表情や行為、言葉、子どもの様子などから、支援目標が達成されたかを確認する。達成されていない場合、再度計画内容を見直し、改善を図っていく。

(9) 第9ステップ：支援終了後の見守り

生活課題への支援は長期的な取り組みが必要となることも多いため、新たな支援が必要でないと判断される場合でも、園全体で継続的な見守りを行っていくことが求められる。園が大切な「地域の支え手」となれるよう、卒園した後であっても「いつでも来られる場所」であることを保護者に伝えていくことも大切である。

次節より、個別支援のプロセスを詳細に説明していく。

2 日常的な観察と早期発見　　　　　　　　　（鶴　宏史）

園では、日々子どもや保護者と関わる機会があるため、親子の抱える生活課題を早期に発見することが可能である。早期発見によって、親子の抱える生活課題から引き起こされる様々な困難の予防や、早期の対応が可能となる。そのため、保育者には、日々の子どもや保護者の姿や関わりから、生活課題を抱えている兆候を見逃さないこと（＝早期発見のための視点）が必要となる。

以下は、一時保育の事例であるが、園長は下線部の山田さんの「暗い表情」

「父子の臭い」が気になったとある。これらの点を見逃さないかどうかが、早期発見や支援のポイントとなろう。

【一時保育利用まで】
○ 2016年8月上旬、男性（父親）からA保育園に一時保育（一時預かり事業）についての問い合わせの連絡があった。「1歳の子どもを預けたいが、お願いできないか」と。
○後日、一時保育の説明と申請のため、園長が、父子（男性＝山田さん、1歳8か月の子ども＝太郎君）面談を行った。山田さんは父子家庭であり、現在無職で求職中であるとのことであった。話をするなかで山田さんの暗い表情や父子の臭いが気になり、困ったことはないかと問いかけたところ、「大丈夫です」といわれたので、しばらく様子を見ることにした。

　さて、上記は一例であるが、早期発見のための視点は、表8−2−1および表8−2−2に示される子どもや保護者の状態から捉えることができる。これらの表に示される項目は、保育所等を対象に「子どもや家庭のどのような様子から、その家庭の生活困難を発見できると思うか」を調査した際の回答をもとに作成した、生活課題を抱える家庭の兆候に関するリストである。

　これらの項目の多くは、児童虐待チェックリストと重複するものが多く、生活課題を抱える家庭は、児童虐待のリスクが高い家庭でもある。

　表8−2−1および表8−2−2に示されるような様子が長期間にわたって見られる場合は、注意深く、意識的に親子の様子を観察したり、声をかけたりすると同時に、職員間で情報共有をする必要がある。

表8-2-1　生活課題の早期発見の視点（子どもの様子）

項　目	内　容
不衛生である	異臭・悪臭がする。爪が伸びている。何日も同じ服を着ている。季節に合わない服を着ている。虫歯が多い・増えてきた。
食行動が変化する	給食やおやつをむさぼるように食べたり、何度もおかわりをしたりする。
感情の起伏が激しくなる	情緒不安定である（急に怒ったり泣いたりする）、あるいはよく泣いている。何かに怯えていたり、びくびくしている。
不自然なケガが増える	不自然な（理由が曖昧な）傷・アザがある、頻繁にケガをする。
意欲が低下する	元気がない（ふさぎ込んでいる、暗い表情、笑顔がない）。意欲が低下したり、無気力になったりする。無表情・表情が乏しい。集中力が低下したり、落ち着きがなかったりする。
攻撃的な行動が増える	イライラしている。言動が乱暴・攻撃的である（言葉遣いが悪い、すぐにきれる、すぐに暴力をふるうなど）。他児との関係不良。
子どもから家庭の深刻な状況を聞く	子ども自身が家庭の状況を言う、子どもとの話の内容から家庭の深刻な状況が推測できる。
成長・発達が見られない	身体発育の不良（低体重、低身長、体重増加不良）が見られる。言葉の遅れなどがあるように思われる。
過剰に甘えるようになる	必要以上に甘えたり、保育者を独占しようとしたりする。
何らかの身体症状が現れる	チック、脱毛、自傷などの何らかの身体症状が見られる。
保護者をかばう言動をとる	保護者をかばう言動をとる。

表8-2-2　生活課題の早期発見の視点（保護者の様子）

項　目	内　容
身だしなみが変化する	身だしなみが変化（衣服の乱れ、衣服・化粧などが派手になった、髪の乱れ、化粧をしなくなった）。
保育者との関係が不良である	保育者と関わりたがらない（話をしない・話を聞かない、目を合わさない）。保育者への風当たりが強い、理不尽な苦情・要求をする。
必要経費の滞納が続く	保育料などの必要経費の支払いが遅れる、あるいは支払いをしない。
送迎時の様子が変化する	送迎時間が遅れたり、不規則になったりする。あるいは迎えに来ない。送迎者が保護者以外になった。
身体の不調が見られる	元気がない、疲れている、やつれている。体調がよくない、何らかの疾病がある（極度にやせてきたなど）。
精神的な不調が見られる	精神状態が不安定・情緒が乱れている（イライラしている、不安がある、怯えている、表情が乏しい、おろおろしている）。
忘れ物が増える	忘れ物が多い、忘れ物が増える、提出物を出さない。
子どもを登園させなくなる	子どもを登園させない、子どもが病気でないのに休ませる。
子どもへの暴言・暴力がある	子どもに対する厳しい対応が見られる（子どもに対してイライラしている、子どもを激しく怒る、子どもへの暴言・暴力）。
不衛生である	清潔さがない（衣服の汚れなど）。
保護者に傷やアザが頻繁に見られる	保護者に傷やアザある。保護者自身の傷やアザを隠そうとしている。
連絡帳の無記入が続く	連絡帳が無記入であったり、連絡事項に反応がない。
子どもの養育に対して無関心である	子どもに関心がない、あるいは子どものことを把握していない。子どもが病気になっても通院してくれない。
他の保護者との関係が不良である	他の保護者から孤立している、他の保護者と関わろうとしない。

3 相談受理　　　　　　　　　　　　　　　　　　（鶴　宏史）

　ここでいう相談受理は、支援の開始と捉えればよい。この段階では、主に以下のことを行う。

- 保護者が何に困っているのか（主訴）を表明してもらう
- 保育者や所属施設として何ができるかできないかの説明をする
- 問題解決に向けた協働の確認をする

　支援の開始は、四つのパターンに分類できる。すなわち、①保護者自身から相談を受ける場合、②家族・親族から相談を受ける場合、③保育者が親子の変化などに気づき、問題を把握した場合、④他の機関などから委託された場合である。

　とはいえ、保護者がすぐに問題について語るとは限らない。なぜなら、問題を抱える保護者は二つの不安を持つからである。一つ目は、問題に対する不安、つまり、保護者自身が抱える問題そのものに対する不安である。もう一つは、他者に開示する不安、すなわち、自身が抱える問題を他者に話すことに対する不安である。これらの不安は、保育者を避ける、保育者に対する拒否などの態度として現れることもあるので、その点を理解する必要がある。

　①保護者自身から相談を受ける場合は、他者に問題を開示する不安は低いといえる。特に、第4章で触れた「基盤条件」「誘因条件」がしっかりしていれば自ら相談するだろう（②家族・親族から相談を受ける場合、③保育者が親子の変化などに気づき、問題を把握した場合もこれらの条件をしっかり満たしていれば、比較的円滑に話が進む可能性が高い）。この場合、問題に対する不安は、保護者とともに問題解決に取り組むなかで軽減されるように関わればよい。

　一方、②家族・親族から相談を受ける場合、③保育者が親子の変化などに気づき、問題を把握した場合、④他の機関などから委託された場合には、保護者からすぐに問題について話を引き出すのが難しい。自ら相談をしているわけではないので、他者に開示する不安が高いといえる。そのため、問題に対する不安に取り組むよりも、問題を開示する不安を低減させることに重点を置くことが求められる。そのためには、保護者の緊張や不安を和らげ、自分の抱える問題を話しても大丈夫だという安心感を持たせるようにする必要がある。すなわち、第5章から第7章で述べたことを基本にして、保護者と関わることが求められる。

　特に④他の機関などから委託された場合は、日々の関わりを積み重ねる前から支援が始まるために、より丁寧に信頼関係を築きながら支援を進めることが必要である。

4 意図的な情報収集 （中谷奈津子）

　支援の必要性の有無や緊急性などを判断する際には、面接の他にも、必要と思われる情報を意図的に収集することが求められる。保護者や子どもの様子は、対応する者、時間帯や場面によっても異なるため、それぞれの立場からの情報収集が重要となる。特に、保護者から直接相談されたわけではないが、何らかの支援が必要と思われる事例においては、こうした情報収集が支援開始の判断の根拠となる。

1．収集すべき情報

（1）問題の状況と深刻さの把握

　本章「**2**日常的な観察と早期発見」の表8－2－1、表8－2－2を参考に家庭の状況をうかがうと、問題の状況や深刻さがある程度把握できる。子どもや保護者の日々の様子を注意しながら観察し、こちらから意図的に子どもや保護者に話しかけるなどして状況を把握することが必要である。保護者や子どもに急激な変化が見られたり、気になる様子がいくつか重なったりする際には、支援ニーズがあると判断される。

（2）家族内の関係性、家族のサポート資源の有無の把握

　経済困窮や家族の障がい、介護、夫婦関係など本来家庭での解決が期待される生活課題であっても、家族のなかではそれらの解決が見込めない場合、あるいは、その生活課題のために子どもの最善の利益の保障が難しい場合は、子育ての基盤である家庭を支えるために適切な援助を行う必要がある。その際には、まず、家族構成や家庭内の関係性を再度、確認していく。その上で、その家族を支えてくれる身近なサポート資源は誰か（どこか）、現在どんなサポートがなされているか、今後はどのようなサポートが可能かなどについても把握するよう努めていく。

2．それぞれの立場を活かした情報収集

（1）担任保育者

　担任保育者は、最も身近で子どもと家族に関わる存在である。個人記録（児童票）や日々の連絡帳の記述内容、着替えの補充や持ち物の管理、忘れ物の頻

度なども生活課題を把握するための判断材料となる。家庭生活に余裕がない場合、日常的に繰り返されるこうした作業が滞ることが多い。「困った保護者」という見方ではなく、「なぜこのような状態になるのか」という観点から推察していくことが重要となる。

さらに、子どもの食事、睡眠、着脱、排泄などの様子、子どもや保護者の情緒的側面の変化についても把握するよう努め、必要に応じて記録しておく。

（2）主任またはスマイルサポーター

主任やスマイルサポーターは、担任保育者とは異なる立場からの保護者理解や関係構築が可能であり、それらを基盤とした情報収集が期待できる。園全体の保護者の様子を客観的に把握したり、担任保育者の困り事として保護者対応の相談を受けたりする機会も多いだろう。担任保育者とは日常的に関係が近いがゆえ、保護者が自身の生活課題を相談できず、躊躇してしまうことも想定される。気になる保護者に対して、世間話からさりげなく生活の変化を把握し、担任保育者とは異なる役割や見方を備えた存在としてアプローチすることも期待される。一定の包容力を備えた、経験豊かな主任だからこそ、可能となる情報収集があるものと思われる。

（3）園長

園長は、上記に加え、必要経費の徴収状況など関係書類からの情報収集も可能である。また他機関に照会して情報を得ることも主に園長の役割と考えられるが、原則として保護者に事前に説明を行い、了承を得ることが必要とされる。また、今後の保護者支援の参考とするために、関係機関に相談しアドバイスを受けることは可能である。その場合は、個人情報を出さずに大まかな状況を伝え、このような場合はどのような援助や対応が必要か情報を得ることとなる。

また、虐待などが疑われる場合は、守秘義務よりも法律による通告義務が優先される。人の生命や身体、財産の保護のために必要である場合、子どもの健全な育成の推進のために特に必要がある場合は、守秘義務はその限りではないとされる。

（4）その他の保育者等

早朝・延長保育担当の保育者からは、送迎時の保護者と子どもの様子をつぶさに捉えることが可能であり、保護者や子どもの表情、機嫌、食事や睡眠の状況など、より家庭の生活実態をうかがうことができる。看護師や調理員等から把握される情報も、医療的側面、調理・食事面などそれぞれ異なり有効なものとなる。地域にむけた子育て支援事業を行っている場合も、それぞれの立場か

ら得られる情報や役割を意識する必要がある。対象となる子どもや家庭に直接関わらない職員であっても、客観的に子どもや保護者の様子を捉え、園全体で温かい雰囲気づくりに努め、見守っていくことが大切であり、援助にむけての重要なインシデントを把握している場合があることを忘れてはならない。

3．それぞれの立場からの情報収集の具体例

　ちなみに山田さんの事例においては、それぞれの立場からの情報が次のように把握されている。これらを踏まえ、さらなる意図的な情報収集が必要となる。

【一時保育を通して見えてきたこと】

○一時保育の担当保育者
- 太郎君は足腰が弱いのか、散歩に行っても歩きたがらない。
- 言葉の遅れもあるようで、泣くことで自分の要求を表現している。
- 着替えやオムツの補充が毎日行われていない。忘れ物も多い。
- 連絡帳には「よろしくお願いします」とだけ記入。
- オムツかぶれがなかなかよくならない。

○スマイルサポーター
- 山田さんには生活に疲れた様子が見られ、表情が暗い。
- ほぼ毎日同じ服を着ている。
- 体調管理がきちんとできているのか気になる。
- 朝、太郎君の顔は汚れている。時々、子どもの臭いが気になる。
- 表情に問題はない。
- 家庭での育児がどうか心配である。

○主任・園長
- 担当保育者より、特に朝機嫌が悪く、食事をガツガツ食べるのが気になると聞く。
- 連絡帳記入、忘れ物の対応などについて担当保育者より相談があった。
- 予定の登園時間に間に合わないことがあり、園から連絡を入れることが度々ある。
- 親子に挨拶をしても、父親はほとんど目を合わせてくれない。
- 目は充血し、髪はボサボサのことが多い。睡眠がとれているのか心配である。
- 就職活動もあまりうまくいっていないのではないかと気になる。

5　情報の集約と整理 ―事前評価（アセスメント）―　　（中谷奈津子）

1．情報の集約と整理の必要性

　本章「**4**意図的な情報収集」で述べたように、保育施設では複数の職員によって情報収集が行われるため、支援の必要を判断するために、クラス会議やケース会議などで情報を集約することが必要となる。特に保護者から直接相談を持ちかけられているわけではないが支援の必要性が感じられる事例については、組織的な情報の集約と整理が必要である。

　集められた情報は、たとえ意図的に集められたものであっても、単独では「断片的で意味のないもの」に見えることもある。関係する職員が会し、スマイルサポーター（場合によっては園長や主任等）が中心となってそれらを整理していくと、次第に保護者の生活状況や様々な困難を映し出す大切な出来事として捉えられるようになってくる。情報が意味する生活課題を予測し、それをもとに保護者との会話や面談を重ね、生活課題や支援ニーズを保護者とともに明確にしていくことが必要となる。

2．事前評価（アセスメント）とは

　事前評価（アセスメント）とは、援助対象となる子どもと家族をより深く理解し、適切な援助方法を見いだすための手続きであり、情報収集と分析を行うことを意味する。つまり、前節からの情報収集と集約、整理のプロセスが事前評価に相当する。保護者の生活課題を保育者が察知した場合や深刻な事例などでは、ケース会議後に再度観察や面談を行うなど、意図的な情報収集と情報の整理・分析との往還を経て、適切に事前評価を行っていくことが重要である。

3．事前評価（アセスメント）の内容

（1）家族内の関係性、家族のサポート資源の把握

　家族構成やサポート資源の有無、それらとの関係性の把握については、ジェノグラムやエコマップを作成し可視化すると、会議での共有がスムーズとなる。

(2) 生活課題の明確化

　ここでいう生活課題とは、生活を遂行するのに困っている問題状況を意味する。生活課題に関連する日々の小さな出来事は、一見すると保育者から見た困り事でもある。保護者の生活課題を浮き彫りにするためには、「そのことが起こる原因はどこにあるか」という観点で得られた情報を捉え直していくことが求められる。例えば「登園時間に間に合わないことが増えた」「挨拶をしても目を合わせてくれない」「着替えの補充が行われていない」などの家庭の変化が見られる場合、保護者の精神疾患や親子が何らかのトラブルに巻き込まれていることも予測される。そのまま放置すると問題が深刻化したり、子どもの最善の利益が侵害されたりする恐れのある時は、面談を行うなどして、家庭の生活課題を保護者とともに整理していく必要がある。その際には、保護者の意欲、能力、嗜好、習慣など、よい部分を理解し、評価していくことも大切である。

(3) 支援ニーズの設定

　ここでいう支援ニーズとは、問題を解決するために何をすべきかを設定したものである。支援ニーズを導き出していくプロセスにおいては、保護者が自分の生活課題を十分に把握して「このようなことが必要である」と自らのニーズを伝えてくれることはまれである。それぞれが収集した情報をケース会議などで整理した上で、保護者に対して「〜についてお困りではないですか」などと問いかけ、保護者や家庭の「本当の支援ニーズ」を明らかにしていくことが必要となる場合もある。

　支援ニーズには緊急性や取り組みやすさにより、優先的に取り組むニーズ、長期的に取り組むニーズがある。また園内の対応だけで支援可能なニーズ、他の専門機関による援助が必要なニーズもある。支援ニーズの特性を見極め、次の個別支援計画の作成につなげていく。

4．生活課題から支援ニーズ設定の具体例

　前節の情報収集や山田さんとの面談から、A保育園では次のように生活課題を明確化し、支援ニーズを設定した。以下、一例を示しておく。

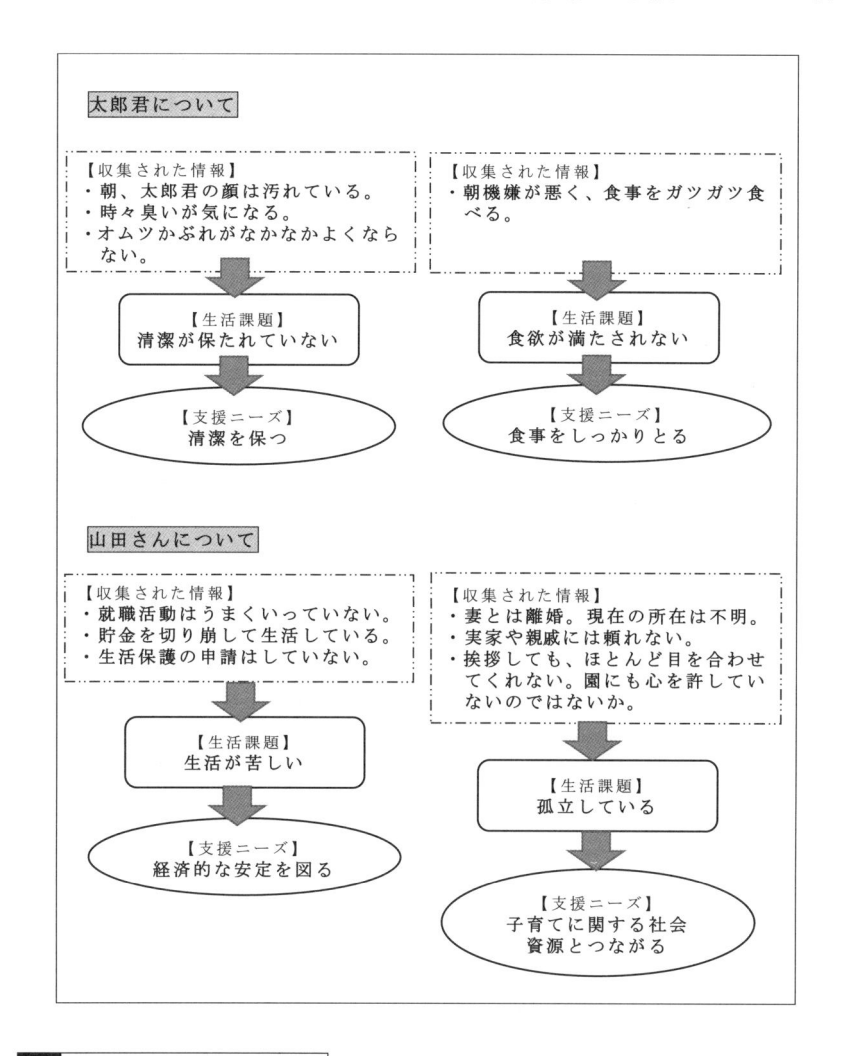

⑥ 個別支援計画の作成　　　　　　　　　　　　（鶴　宏史）

1．個別の計画作成の進め方

　情報を収集し、それを集約・整理し、問題やニーズを明らかにし、支援の方法や支援内容を検討しながら、個別支援計画を作成する。

　その場の支援が必要であれば、保育者がその場で支援方法・内容を検討した上で実行する。また、クラス内の保育者間で検討したり、主任や園長と検討を

したりする。必要に応じて、職員会議において施設全体で検討する場合もある。さらには、保護者と一緒に支援方法や支援内容を検討することもある。その際には、保護者の考えや思いを尊重し、子どものよりよい成長という共通の目標を確認しながら検討する必要がある。

2. 個別の計画作成の方法

表8-6-1の支援計画を踏まえ、支援計画の作成方法を解説する。

(1) 明確にされた生活課題に対する支援ニーズを設定する

情報を集約・整理した上で、子育てや生活をする上での悩みや困り事を明らかにする。ここでの生活課題は、「清潔が保たれていない」「生活が苦しい」「孤立している」などである。生活課題を明らかにしたら、それに対する支援ニーズ（＝問題を解決するために何をすべきか）を設定する。例えば、「清潔が保たれていない」に対する支援ニーズは、「清潔を保つ」ことである。

表8-6-1 山田さん親子への個別の支援計画 (一部)

生活課題	支援ニーズ	具体的な支援内容（具体的な行動）	役割分担
清潔が保たれていない	清潔を保つ	①必要に応じて園でシャワーを浴びさせたり、体を拭いたりする。②オムツかぶれのケアをする。	①②一時保育担当保育者
食欲が満たされない	食事をしっかりとる	①給食などを通して十分な食事の提供をする。	①一時保育担当保育者
生活が苦しい	経済的な安定を図る	①児童扶養手当の申請を勧め、役所の担当部署を紹介する。②母子家庭等医療費助成制度の申請を勧め、役所の担当部署を紹介する。③生活保護の利用を勧め、福祉事務所を紹介する。	①②③園長、主任
育児・家事のやり方がわからない・手伝いがほしい	養育力の向上を図る	①日々の関わりのなかで山田さんの不安やストレスを受け止める。②子育てに関する具体的な助言を行う。③保育園の同じ年齢の子どものクラスを見学しながら、具体的な対応の仕方を伝える。④母子家庭等日常生活支援事業の利用を勧め、役所の担当部署を紹介する。⑤ファミリー・サポート・センターの利用を勧め、登録する機関を紹介する。⑥一時保育ではなく、保育園入所を勧める。	①園職員全体 ②一時保育担当保育者、主任 ③一時保育担当保育者、クラス担任保育者 ④⑤⑥園長、主任
孤立している	子育てに関する社会資源とつながる	①民生委員に見守りを依頼する。②この状況が園長に届け、児童家庭相談室などにつなげる。	①②園長

（2）支援ニーズを満たすために、具体的な支援内容を決定する

ここでは、支援ニーズを満たすために、誰が、何を、どのように、いつ（いつまでに）、を具体的な行動として記載する。

「（太郎君の）清潔を保つ」という支援ニーズに対しては、一時保育担当保育者が「必要に応じて園でシャワーを浴びさせたり、体を拭いたりする」ことや「オムツかぶれのケアをする」こととなる。「経済的な安定を図る」に対しては、園長もしくは主任が、「児童扶養手当の申請を勧める」ことや「母子家庭等医療費助成制度の申請を勧める」こと、状況に応じて「生活保護の利用を勧める」という支援内容が挙げられる。

なお、長期にわたる支援においては、長期目標と短期目標を設定することが重要である。そして、作成した支援計画の内容については、職員間で共通理解する必要がある。

7 具体的な保護者支援の展開　　　　　（鶴　宏史）

個別の支援計画に基づいて、支援を実施する。すなわち、問題解決＝目標達成に取り組む保護者に対して、保育者が支援活動を行う。本章「6 個別支援計画の作成」の表8－6－1を参考にしつつ解説する。

1．直接的な支援

直接的な支援は、第7章で示した援助技術などを活用しながら、保護者が問題解決できるように、保育者が保護者や子どもに直接的に働きかける活動である。なお、子どもに対する支援については、本章「8 子どもの保育を通しての支援」で解説する。

（1）受容

表8－6－1の「日々の関わりのなかで山田さんの不安やストレスを受け止める」のように、保護者の話を傾聴しながら、保護者の感情や気持ち、思い、背景を受け止めることである。特に問題に対するマイナスの感情を受け止めることは、保護者が問題に取り組むための原動力の一つとなる。

（2）助言

保護者に対して、子育てなどに活用ができる具体的なやり方を助言すること

である。表 8 − 6 − 1 の「子育てに関する具体的な助言を行う」が相当し、例えば、年齢や発達に合わせた食事や衣服の着脱のやり方、子どもとの関わりにおける言葉のかけ方などがある。

(3) 紹介

表 8 − 6 − 1 の「児童扶養手当の申請を勧め、役所の担当部署を紹介する」のように、保護者や子どもが利用できる社会資源（専門機関やサービス）について、保護者に説明し、その利用を促す援助である。

(4) モデルの提示

保育者が、保護者に対して子育ての具体的なやり方を実際の行動で示すことである。表 8 − 6 − 1 の「保育園の同じ年齢の子どものクラスを見学しながら、具体的な対応の仕方を伝える」がそれに相当する。「助言」が言葉で伝える援助であるのに対して、「モデルの提示」は実際にやり方を見てもらう（必要に応じて解説もする）援助となる。

(5) 仲介

保育者が、保護者と専門機関やサービスとの仲立ちをし、保護者には社会資源を紹介し、一方で専門機関との連絡・調整を行う支援である。なお、「(3)紹介」は、保護者に対して社会資源を説明し利用を促す援助だが、「仲介」は「紹介」に加えて、社会資源への働きかけまでを行う援助である。仲介をするだけでは必要な社会資源の利用につながらない場合、保育者が保護者に付き添い、保護者と社会資源が適切につながるように援助することもある。

２．間接的な支援

間接的な支援は、保護者の問題解決のために、保護者や子どもを取り巻く環境に働きかける活動である。

(1) 園内連携

問題解決のために、園内において、職員間の連絡や調整を行うことである。ケース会議などを通して職員同士で情報共有をし共通理解をした上で、組織的な対応ができるように、親子への対応方法の確認や役割分担の確認を行う。さらに定期的にケース会議を行うことによって、園内での情報共有や役割分担の再確認などを行う必要がある。

（2）関連機関との連携

　保育者（保育所等）が、問題解決のために、他の専門機関や専門職と連絡・調整などを行い、協力関係を通じて協働することである。表8－6－1では、「民生委員に見守りを依頼する」や「児童家庭相談室などにつなげる」がそれに相当する。また、山田さんが生活保護を受給すれば、園は福祉事務所と定期的に情報交換をしたり、協働して親子を支援したりすることが求められる。

　なお、関係機関との連携を有効にするためには、連携する関係機関の特性を把握し、定期的な情報交換を行うことが重要となる。さらに、以下の7点について留意する必要がある（柏女，2015，PP. 14-15）。

　①連携とは「異なる主体の対等な関係」であることを認識する。

　②連携の相手を知り、顔の見える関係を構築することの重要性を認識する。

　③連携によって何を実現するのかを共通理解し、共有する。

　④価値や文化の異なる主体同士であるため、対話と活動を重ね、信頼関係を築く。

　⑤それぞれの得意分野を活かし、限界を補う視点を持つ。

　⑥それぞれの得意分野を活かしつつ、相手とつながる余裕を持つ。

　⑦自らのミッションに囚われすぎず、連携相手の価値やミッションにも開かれた姿勢でいる。

8　子どもの保育を通しての支援　　（中谷奈津子）

　保護者への支援と同時に、子どもへの個別支援が必要な場合もある。食事、睡眠、清潔などを保障し生理的欲求を十分に満たしていくこと、さらに子どもが安定感を持ち自分の気持ちを安心して表すことができるよう、園全体で受け止めていくことが大切である。特に低年齢児のクラスでは特定の保育者による応答的な関わりを重視し、子どもの心身の状態や気持ちを把握し、丁寧に寄り添いながら対応していくことが必要となる。園での保育の安心感が、保護者の日中の安心感にもつながるため、これからの生活に肯定的な見通しを持てるよう配慮しつつ、保護者には子どもの状況をこまめに伝えていくことが求められる。

1．食事を保障する

　生活課題を抱える家庭の子どもにとって、園での食事は、生命の保持や成長

促進の観点からも非常に重要なものとなる。家庭の状況によっては、朝食や夕食を十分にとれていない場合もあり、子どもの食欲が十分満たされるよう対応していくことが重要である。また園での食事は、家庭的な雰囲気のもと保育者や他の子どもたちとの応答的な関わりを可能にする。食事の時間を安定した関係のなかで過ごすことによって、子どもが「受け止められている気持ち」「楽しい気持ち」を実感できるようにし、少しでも子どものストレスが軽減されるようにしていく。食事の様子から家庭生活の状況をうかがうことも可能であるため、子どもと関わりながら、ちょっとした変化も見逃さないように観察し、必要に応じて記録を取る。

さらに、多くの園では、朝食は家庭で済ませてくることを前提としており、朝食は提供しないのが現状である。しかし朝食の欠食が、子どもの生活リズムの乱れ、無気力、集中力の欠如、子ども同士の頻回なトラブルなどにつながることも多い。その生活習慣が定着すると、子どもの就学後の育ちや学び、人間関係にも大きく影響すると考えられる。家庭での生活改善が当面見込めない場合は、園の判断で朝食に代わる軽食を用意していくことも考慮に入れていく必要がある。

２．睡眠を保障する

睡眠もまた、食事と同様に子どもにとって非常に重要なものである。家庭の状況が不安定な時には、午睡中に目覚めて泣き出したり、なかなか寝つけなかったり、保育者を独占したがったりすることもある。布団の位置を、目覚めた時に子どもと目が合いやすく保育者が関わりやすい場所にするとともに、寝つくまで傍にいる、スキンシップを取る、「見ているからね」と安心できる言葉かけを行うなどといった配慮も考えられる。また特定の保育者が、子どもの入眠まで添い寝し、素話をしたり何でもないことを語り合ったりすることで、子どもの情緒が安定し心地よい眠りにつながることもある。低年齢児の場合は、気分転換に園内や園庭を散策することも考えられるが、他の保育者との連携、協力が求められる。さらに登園直後や夕方など、午睡の時間でなくても睡眠が必要と思われた際には、子どもが安心できる場所で眠れるように環境を整え、職員間で連携しながら対応していくことも必要となる。

3. 清潔を保障する

　清潔は、健康増進や生活習慣形成の問題に加え、子どもの人間関係にも影響する。オムツかぶれ、気になる体臭、洗髪の様子が見られない頭髪などには、さりげなくシャワーや沐浴などを行い、子どもの清潔が保てるようにする。衣服が汚れていたり着替えの補充が十分でない時は、園の衣服を貸し出すことも考えられるが、場合によっては園で洗濯することが必要となることもある。保護者との対話を密に行い、家庭の背景を十分に理解した上で、園の方針を決定していくことが重要である。

4. 情緒の安定を図る

　情緒的な不安定は、些細なことで怒ったり泣いたりする、他の子どもとトラブルになる、遊びに入ろうとしないなどの行動に表れることが多い。興奮が抑えられない時には、保育者が性急に善悪を判断するのではなく、子どもとその場を離れ子どもが落ち着くまで待った後で、子どもの気持ちや言い分を静かにたずねていく方法が考えられる。自分の気持ちを聞いてもらえた、受け止められたと子ども自身が感じられることで、次第に情緒の安定につながっていく。抱きしめる、手を握る、隣に座る、目を合わせるなど、その子どもに応じたスキンシップを積極的に取り入れたり、手伝う機会を意図的に与えほめられる経験につなげたりすることも有効であろう。

　子どもの情緒の状態に寄り添うためには、保育者一人では難しいこともあるため、子どもの様子や家庭の状況を保育者間で共有し、サポートし合える体制を整えておくことが望ましい。

5. 子どもの生活力を育てる

　生活課題を抱える家庭はずっと園に通うわけではなく、いつか卒園し、親子だけで家庭生活を営むことになる。保護者の養育力の向上に対する支援は園の大きな役割である。しかし多様な事情や背景から、保護者の養育力や生活力が安定しないまま子どもの卒園を迎える家庭も、現実には見られるのではないだろうか。

　子どもは将来を生きる存在であり、いつまでもケアしてもらうわけにはいか

ない。子どもの健やかな自立のためには、発達に応じて生活する力を育てていく必要もある。特に生活課題を抱える家庭に育つ子どもには、保育者による生活力育成のための意図的な関わりや援助がより求められる。

以下は、困難な背景を持つ家庭を支えるある園の実践である。

【保育所でのケアだけでは終わらせない　卒所後もつながることを願って】

…保育所時代は、それでやり過ごせるのかもしれない。しかし、この子たちは、わが子の支度もできない、ゆとりのないなかで身につくべき生活力もついていない親たちと一生親子でい続けなければならないのです。貧困家庭に生まれたのだからしょうがない、学校に行ってもあきらめて忘れ物の多い子で生き続けるのか ——そんなことはイヤです。

そう考えたときに、ケアだけでは足りない、「生きる力」「生活力」を他の子どもたちより少し早く、頑張ってつける手伝いをしたいと思うようになりました。明日のクッキングで必要なエプロンを忘れないように、エプロンペンダントを作ってお迎えのお母さんの前で首にかけてあげると、そのペンダントを家の玄関の玄関ノブにぶら下げ、翌朝そのペンダントに気づいて母親とともにエプロンを用意できたと嬉しそうに登園してくる子どもたちです。親たちにも、油性マジックを貸して私の目の前で持ち物に記名をしてもらったり、問診票などの重要書類は、ポストに入れず看護師が直接渡してその場で書いてもらったり、一つひとつの生活技術や社会のルールを身につけてもらえるように援助求めています。

「ここは非難して排除するところではない」——社会で選別され続けて生きる貧困家庭の親たちは、シビアに保育所の姿勢を認識して、信頼を寄せてくれます。（略）

平松知子(2016)「人生最初の6年間で育めるもの」秋田喜代美他編著『貧困と保育』かもがわ出版より、一部抜粋

---

9 経過観察および支援計画の評価・改善、支援終了後の見守り （鶴　宏史）

個別の支援計画に基づいて、支援を実施するがそれで終わりではない。支援開始後に、親子の様子などを経過観察し、定期的に課題が達成されているかを評価する必要がある。

1．経過観察

経過観察は、支援開始後の意識的な親子の見守り、経過の観察や点検を指す。観察の内容としては、実施された支援の実施状況、課題の達成度、親子の状況

の変化、新たな問題の発生の有無などである。

本章「**6** 個別支援計画の作成」で示した支援計画に基づく支援の経過観察の例としては、以下のようなものである。

【経過観察の例】

①一時保育担当保育者を中心に、日々、山田さんに声をかけていたところ、少しずつ山田さんから挨拶をしたり、子育てでわからないことを質問したりすることが見られるようになった。

②太郎君は朝機嫌が悪いこともあるが、ガツガツと食事をすることが少なくなった。

③園長が山田さんに声をかけたところ、山田さんは福祉事務所に行き、生活保護を申請したところ受理されたとのことだった。

経過観察は、日常場面における親子の観察、支援場面での観察などを通じて行われる。必要に応じて、保護者との面接による確認によっても実施される。関連機関と連携して支援を行っている場合は、会議などによって経過観察を行う。これらのことを通じて収集された情報は、ケース記録をつけて、家庭状況や課題に対する変化などを見逃すことなく、見守ることが重要である。

2．支援計画の評価・改善

支援計画の評価では、課題が達成しているか（問題が改善されたか）を評価する。事後評価の方法は、経過観察の方法に準じるが、支援の結果、保護者の言動や表情、子どもの様子などから親子の変化を確認する。

【最初の面談から3か月後の様子】

①山田さんは以前のような暗い表情はなくなるとともに、太郎君の送迎時には山田さんから職員に挨拶をするようになった。

②太郎君の清潔がほぼ保たれ、ガツガツと食事をすることはなくなった。

③園長と主任で山田さんと面談を行った。生活保護を受給し、通院をし、生活が安定しつつあるとのことだった。また、子育てについては慣れないことも多いが、一時保育をはじめいくつかのサービスを利用しながら対応していた。保育所入所は今の時点では難しく、しばらくはこのまま一時保育を利用したいとのことだった。

個別の支援計画に基づく支援の事後評価の例としては、例えば、以下のようなものが挙げられる。上記①では「暗い表情がなくなる」、②では「太郎君が園でガツガツ食べなくなった」、③では「生活保護を受給し、通院をし、生活が安

定しつつある」など、本章「**2**日常的な観察と早期発見」で示した当初の山田さんの「暗い表情」から大きく変化していることがわかる。また、③では生活保護を受給したことで生活が安定してきたことが明らかになっている。これらからおおよそ表8−6−1で示された支援ニーズのいくつかは達成したといえる。

　支援ニーズが満たされていない場合は、支援計画の改善が求められ、情報収集からやり直し、支援内容を改めて検討しなければならない。例えば、山田さんの状況が変わっていないようであれば、園長が山田さんと福祉事務所を仲介したり、場合によっては福祉事務所まで付き添ったりするなどが求められるかもしれない。また、前述した経過観察の段階においても、支援の実施状況が不十分であったり、親子の状況が悪化していると判断されたりする場合は、速やかに支援内容の再検討を行う必要がある。

3．支援終了後の見守り

　支援計画の評価において、課題が達成したことが確認され、新たな支援が必要ないと判断された場合でも、園全体で継続的な見守りを行っていくことが求められる。同時に、保護者にはいつでも相談できる旨を伝えることが必要である。

　また、支援は終了していないが、支援を終結せざるを得ない場合は、新たな支援の場を検討し、その施設や機関につなぐことが求められる。

参考文献

柏女霊峰・橋本真紀編著（2011）『保育相談支援』ミネルヴァ書房

厚生労働省（2013）「福祉分野における個人情報保護に関するガイドライン」http://www.mhlw.go.jp/topics/bukyoku/seisaku/kojin/dl/250329fukusi.pdf

岩間伸之・白澤政和・福山和女編著（2013）『ソーシャルワークの理論と方法Ⅰ』ミネルヴァ書房

橋本真紀・山縣文治編（2015）『よくわかる家庭支援論（第2版）』ミネルヴァ書房

柏女霊峰「子ども・子育て支援制度の創設と利用者支援事業」柏女霊峰監修・橋本真紀編著（2015）『子ども・子育て支援新制度　利用者支援事業の手引き』第一法規

平松知子（2016）「人生最初の6年間で育めるもの」秋田喜代美他編著『貧困と保育』かもがわ出版

第9章
組織内の役割分担とその有効性

（中谷奈津子）

　これまで、保育所等における保護者支援では、保護者と保育者が1対1の関係のなかで行うだけではなく、組織全体でそれぞれの役割を調整し、分担しながら行うことが求められると述べてきた。特にスマイルサポーター事業のような生活課題を抱える保護者支援では、組織的対応が重要となると思われる。では、組織内の職階等や立場によって担うべき役割に違いはあるのか、本当に組織全体で役割を調整し分担しながら保護者支援を行うことは有効なのか。これらについて、スマイルサポーター事業を積極的に推進する大阪府内の保育所・認定こども園を対象としたアンケート結果から確認してみたい（調査の概要は資料3を参照）。

　尚、スマイルサポーターは、各園で独立して配置されるというよりも、園長や主任、担任保育者等がスマイルサポーターとしての役割を併せて担う現状にある。よって、本調査も現状に即し、組織内における各職階等の役割を検討するものとした。

1．職階等による役割傾向

　保護者支援に関する役割について「園内の誰が担う傾向にあるか」という観点から分析を行った。職階等による役割の実施や重視度を比較したところ、職階等によって異なる傾向が示された。以下は、主な分析結果をまとめたものである。

（1）主に園長が担っている役割

　園長は、相談受理の前提となる園内の**相談体制の整備**を行う傾向にある。**公的援助や早期発見に関する知識**を持つようにし、相談業務が行えるよう職員にも**研修を受講させる**役割もある。また**事前評価**に必要な情報を集約し、**支援の必要性や緊急性、連携の必要性を判断**し、**支援計画の作成**につなげる役割も担っている。支援が必要と判断された保護者に対しては、**面談、助言、提案、関係機関への仲介**などを行い、**関係機関との連絡・調整**も行う傾向にあった。園での保護者支援が有効に機能しているか否かを**評価**し、必要に応じて支援計画を

改善するとともに、支援に目途が立った後も**子どもや保護者の生活を見守る**役割を担う傾向にあった。

（2）主に主任が担っている役割

主任は、相談業務に必要な**研修を積極的に受講**し、**園全体の家庭の把握**を行う傾向にあった。何らかの問題がうかがわれる場合には、園長に保護者対応の要請を行い、意図的に保護者に話しかけたり、園内の職員から聞き取りを行うなどの**情報収集**を行うことも多い。具体的な保護者支援の展開や子どもの保育を通しての支援、支援計画の評価・改善などを重視しつつ、園長とともに支援の後も**子どもや保護者を見守る**役割も担っている傾向にあった。

（3）主に担任保育者が担っている役割

担任保育者は、子どもや保護者に対する**日常的な観察**を行い、子どもと保護者の関係性を把握する傾向にあった。また保護者へのあいさつや話しやすい雰囲気を作りながら会話を交わすなど**保護者との関係構築**に努め、何らかの問題がうかがわれる際には、主任とともに**意図的な情報収集**を行っていた。支援が必要と判断される場合には、子どもの保育を通しての支援を積極的に担っていることもうかがえる。職階等ごとの比較からすると、担任保育者は、事前評価や支援計画の作成、具体的な保護者支援を担うことは少ない傾向にあり、その部分は園長や主任等の管理職が主に担う現状にあるものと思われた。

（4）主に地域担当保育者が担っている役割

地域担当保育者は、地域の子育て家庭への支援を行うことを業務とするものである。園庭開放や親子サークルなどに来所した保護者との関係構築に努め、子育てなどの相談を受けることを重視していた。

２．保護者支援の自己評価と関連する役割遂行

本章「1. 職階等による役割傾向」は、園内の誰がどんな役割を担っているかの現状を示したものであり、実際に保護者支援に有効か否かを意味するものではない。そこで生活課題を抱える保護者への支援が「うまくいっている」と評価する保育者と「うまくいっていない」とする保育者では担う役割に違いがあるのかを職階等ごとに検討した。その結果、保護者支援が「うまくいっている」と評価する保育者等は、総じてどの役割も行っていることがわかった。この差は、統計的にも意味のあるものであった。

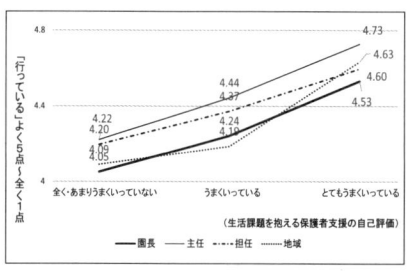

図9−1　日常的な観察×保護者支援の自己評価

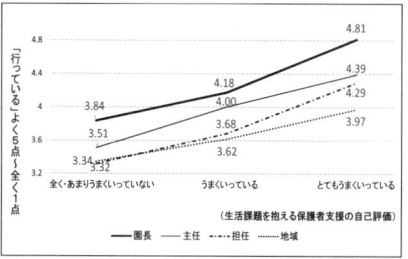

図9−2　事前評価×保護者支援の自己評価

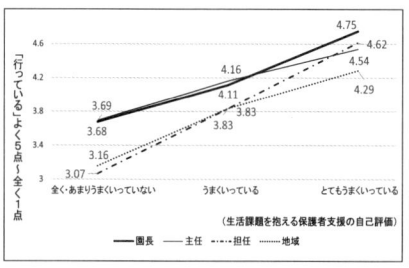

図9−3　経過観察・見守り×保護者支援の自己評価

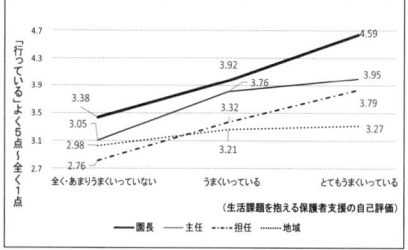

図9−4　職員の役割分担の調整の実施状況×保護者支援の自己評価

　特に、先の「1. 職階等による役割傾向」の分析で職階等ごとの傾向が指摘されなかった役割に着目して述べていこう。例えば園長は、日常的な観察を実施する割合が他の職階等よりも少ないことが示唆されたが、保護者支援を「とてもうまくいっている」と自ら評価する園長は、日常的な観察をも積極的に行う傾向にあった（図9−1）。また主任や担任保育者については事前評価の実施と支援計画の作成が少ない傾向にあったが、「とてもうまくいっている」と評価するものは、それらの役割も担う傾向にあった（図9−2）。その他の役割についてもほぼ同様の見解が見られている（図9−3）。全般的に見れば、職階等によって保護者支援に関する役割遂行に差が認められるものの、保護者支援を「うまくいっている」と自己評価する保育者等が、「うまくいっていない」とするものよりも一連の業務を積極的に遂行していることは明白である。「特定の誰かが決まって行う」と役割を固定化する方法ではなく、日常的な観察から事前評価、支援計画の作成、評価、見守りに至るまで、関係する保育者等がそれぞれに関わり、役割を重複させながらそれを調整しつつ保護者支援に当たっていくことが有効であるといえるだろう。

3．保護者支援の自己評価につながる組織内の役割調整

　図9－4は、保護者支援の自己評価と職員の役割分担の調整との関連を見たものである。生活課題を抱える保護者支援への自己評価が高いものは、職員の役割分担の調整を行っている割合が高い。特に、「とてもうまくいっている」とする園長で役割調整の実施得点が高いことから、園長の園全体へのマネジメントが大きく影響しているものと思われる。また「とてもうまくいっている」と感じている主任、担任保育者においても実施得点が高い。それぞれの場面、それぞれの立場での細やかな調整が、有効な保護者支援につながり、それが保育者たちの自己評価につながっているものと思われた。地域担当保育者においては、それほど差は見られなかった。在園児の家庭への支援と、地域で出会う家庭への支援は、園内職員との役割分担、組織的対応の方法が異なるとも考えられる。

　以上のことから、特に在園児の保護者支援に関わる役割については、職階等によって大まかな差異が見られ主軸となって役割を担う傾向が浮き彫りにされたものの、役割のすべてを誰かに固定化するのではなく、むしろその境界を緩やかにし、どの役割も柔軟に担っていくことが重要であると思われた。さらに園長のマネジメント役割の影響の大きさが示唆されるとともに、関係する保育者等がそれぞれ支援に関わり、役割を重複させながら主体的かつ細やかに役割を調整していくことが、有効な保護者支援につながるものと思われた。

第10章
園長の役割とリーダーシップの発揮

（関川芳孝）

　スマイルサポーター事業は、社会福祉法人が保育所等を活用し地域に対し行う公益的な活動である。スマイルサポーターに相談業務を任せているとしても、保育や子育てについての情報提供や助言だけでは問題解決に至らないと思われる対応困難事例については、組織としての対応が必要になる。スマイルサポーターから話を聞いた上で、ケース会議を開くかどうか、会議を開いた場合、組織対応の方針や方法を、組織のなかで協議し最終的に決めるのは、園長の役割である。

1. 園長が支援のプロセスに責任を持つ

　スマイルサポーター事業においては、スマイルサポーター一人が複雑な生活課題を抱える保護者・子どもの相談支援に当たるわけではない。実際には、ケース会議などを通じて、主任、担任の保育者等、他の保育者と役割分担を決定し、保育所等の組織のなかでの連携によって、支援チームが作られ実際の支援が行われる。ケース会議を開いて、問題状況や支援の必要性などを、保育所・認定こども園の制度の枠組にとらわれずに検討すると、支援の目標や必要とされる支援の内容が見えてくる。子どもや保護者が抱えている生活課題には、園のなかで保育者等が役割分担し対応できる問題もあるが、対応できない問題もある。

　対応できない問題であっても、福祉事務所や児童相談所・家庭児童相談室、社会福祉協議会など、外部の制度やサービスにつなぎ、必要な支援を行うことができる。既存の制度では対応できない窮迫したニーズに対しても、生活困窮者レスキュー事業の経済的給付によって対応することも考えられる。保育所等として対応できない問題であっても、こうした制度や地域の社会資源を活用し、解決につなげることもできる。実際の生活課題に対して、どの範囲で、どこまで支援するかを決めるのは、スマイルサポーターの役割ではない。むしろ、どのような連携が必要となるか、どこの機関や団体とつなげるのかの見極めは、最終的には園長の判断に任されている。いいかえれば、スマイルサポーター事業に取り組む上で、最終的に保育者等の意見を取りまとめ、支援の方向性や内容を決定する役割を担

う存在として、園長のリーダーシップが重要となる。

　園内のケース会議による協議によって、問題状況や支援ニーズを把握し、どのような支援を行うかを決めるわけであるが、全員の意見が一致しないこともある。保育者のなかには、「担当する園児の保育がいそがしい」「保育園として、そこまでやらなければならないのか」という消極的な意見もあろう。こうした場合には、最終的に園長の意思決定が大切となる。なぜならば、園長がこの事業の実施を統括する責任者だからである。園長には、社会福祉法人に求められる社会的な役割を自覚し、スマイルサポーター事業の実施を統括する組織のリーダーとしての役割を発揮することが求められる。スマイルサポーター事業によって、生活課題を抱える家庭に対し適切かつ効果的な支援を実施し、当該事業の目的・成果を達成しなければならない。園長には、組織のリーダーとして、関係する保育者等のチームワークを高めつつ、目的達成にむかうプロセスをマネジメントする役割が期待されている。

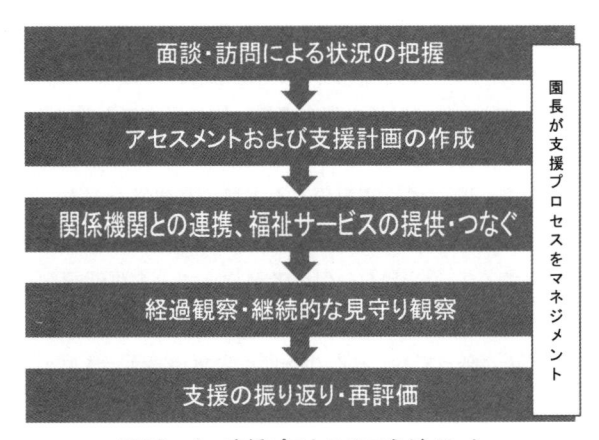

図10－1　支援プロセスのマネジメント

　具体的に園長に期待されるリーダーシップとは、スマイルサポーターによる情報提供や助言だけでは解決しない相談事案について、①スマイルサポーターから相談事例について報告を受け、おおまかな支援の方針を考える、②ケース会議を開催し、関係者の意見を聞く、③具体的な支援内容を決定する、④組織のなかでの役割分担を決める、⑤外部の機関・団体と連携する、⑥行われた支援の状況・成果について報告を受け、助言する、などが考えられる。園長が問

題解決にむけたプロセスにおいて適切に関与し、スマイルサポーター事業によって社会福祉法人に求められる社会的な役割を果たすことが重要といえる。

　リーダーシップの定義や研究は、様々であるが、スマイルサポーター事業における園長のリーダーシップを考える上で、三隅二不二のPM理論が参考になる。事業を成功させるためには、組織の目的達成機能（Performance）と組織集団の維持機能（Maintenance）を高めるリーダーシップの発揮が大切であるといわれている。園長には、①事業統括責任者として、スマイルサポーター事業の目的を達成させる上で必要な関与・役割を果たすこと、②日ごろから組織集団の人間関係を良好に保つために必要な関与・役割を果たすことが求められる。

　問題解決にむけた支援のプロセスは、ケースマネジメントの手法をもちいて行われる。すなわち、インテークからアセスメント、個別支援計画の作成、支援の実施、経過観察および振り返り・評価というプロセスからなるが、こうしたプロセスは、ケース会議などを開きながら、組織として話し合い進めていくことになる。ここでも園長の役割は重要である。園長は、法人および保育所等のミッションに基づきながら、必要で効果的な支援が実行されるように、個別支援プロセス全体をマネジメントする立場にある。いいかえれば、問題解決にむけて組織を動かすのは、園長の仕事である。

　園長は、組織目的が達成されるように、スマイルサポーターから報告を受け支援の方針を考える。具体的には、会議に参加し関係者の意見を聞く。支援内容について適切な助言をする。支援を行うに当たって役割分担を承認し、最終的に支援内容を決定する。外部の制度や機関につなげる。経過観察に報告を受け、ケース終了の判断を行う、などを行う立場にある。園長は、こうしたプロセスにおいても、①スマイルサポーター事業の理念や使命を語り、②実際の支援への道筋を示し、③支援目的が達成されるよう応援することを心がけてほしい。

　園長のリーダーシップには、関わる保育者を元気づける、励ます、感謝するなどをし、支援の実施についての動機づけを行うことも含まれる。スマイルサポーターに対するスーパービジョンが園長や主任の役割であることは、忘れてはならない。

2．職場の人間関係を良好に保つ

　組織集団の維持機能、つまり組織集団の人間関係を良好に保つことも、保育のチームワークには大切である。なかでも、スマイルサポーター事業の遂行に当たっては、アセスメントの上、個別支援計画の作成が必要となるような複合的な生活課題を抱える事例については、スマイルサポーターがどれほど優秀でも、一人では対応できない。ケース会議で明らかになった幾つもの課題へ対応しなければならないので、関係者の役割分担とチームワークで対応することが基本である。つまり、スマイルサポーター事業において支援が必要な子育て家庭に対し適切な関与と支援を行うことは、保育所等として取り組んでいる事業であり、他の保育者の協力が前提となっている。支援が必要な子育て家庭を発見したら、主任、スマイルサポーター、担任保育者等がチームを作り、施設内で連携・協力し、問題解決にむけて行動する仕組みと考えている。スマイルサポーターは、連携のコアの部分を担う存在といえる。

　支援のプロセスで大切なことは、関わる保育者等が①互いに様々な角度から、情報を収集し、共有する、②支援のニーズや方法を一緒に考える、③保護者の立場に共感し、全員が同じ気持ちで行動する、③役割分担を決めつつ、助け合う、④気がついたことを報告し合う、コミュニケーションをとる、⑤励まし合う、悩みを相談・共有する、などが考えられる。このように、関係する保育者等がチームとして結束し、情報や思いを共有し、問題解決にむけた様々なアイデアを出し合う。こうした共同作業によって、新たな気づきや発見が生まれ、問題解決の突破口が見えてくるものである。

　支援の実施においても、思い通りにいかない想定外の出来事も起こることもある。あらかじめ役割分担を決めているとしても、互いに必要であれば手助けなど、バックアップすることも必要になる。支援に関係する保育者が、互いに励ましたり、元気づけたりし、さらには、メンタルな面でケアしなければならない場合もあろう。スマイルサポーター事業は、保育者・職員相互の協力、信頼関係のもとで、はじめて運営体制が作られる。

　こうしたチームワークは、ケース会議のとりまとめにおいて、園長がリーダーシップを発揮しただけで生まれるものではない。むしろ、日ごろの組織集団において何でも話し合える職場の雰囲気・人間関係がベースになければ、運営体制の構築は難しい。支援を必要とする子育て家庭に対する共感的な理解を

共有できる組織文化の形成も大切である。日ごろから同僚として何でも言い合える職場づくりを意図し、問題に直面しても、保育者相互に頼ったり・頼られたりする、励ましたり・元気づけたりするなど、職場の人間関係や職場の雰囲気を良好に保つことも、園長のリーダーシップとして期待される役割といえる。

　日ごろの保育業務において、保育者同士で仲が良い組織であるとしても、スマイルサポーター事業において、必要な支援内容を決定し実行する上で、保育所等において役割分担が成り立つとは限らない。担任保育者は、担当する他の児童の保育もある。主任も、他の保育者に協力させることに消極的であるかもしれない。こうしたことから、保育者同士で意見が対立・衝突する場面も考えられる。こうした状況では、支援を進める上で必要なチームワークが成り立たない。さらには、スマイルサポーターが園のなかで孤立するようでは、事業目的を達成することは困難である。このようなことにならないように、関係する保育者がチームワークを維持できるよう、調整するのも園長の役割である。

　スマイルサポーター事業の趣旨、組織を挙げて支援することの意義について、日ごろから保育者に対し説明するなど組織としての共通理解を作ることが大切と考える。

第11章
保育所等における保護者支援とスマイルサポーター事業のこれから

（関川芳孝）

1．スマイルサポーターによる保護者支援のねらい

　大阪府社会福祉協議会保育部会は、全国に先駆けて社会福祉法人が経営する保育所・認定こども園において、スマイルサポーターを配置し、地域における総合相談事業を運営してきた。保育所や認定こども園による保護者に対する育児相談、地域の育児不安などを抱える子育て家庭に対する相談指導との違いは、制度外の地域貢献として行われるものであって、子育て支援だけに限定されない。子どもが心身ともに健やかに養育されるためにも、子どもの保護者の生活を支援する必要があるからである。しかも、生活支援の内容は、保護者への養育支援に限定されない。

　これは、保護者に対する養育支援を超えたニーズが存在するからである。例えば、子どもを養育する家庭においても、失業・疾病などから、生活に困窮し、食材が買えない、家賃や公共料金が支払えないなど、様々な福祉課題を抱える家庭が存在する。保護者の失業・経済的困窮、保護者や家族の疾病や精神保健の問題、ＤＶなど家族関係の崩壊などは、安定した生活と子どもの健やかな成長に深刻かつ重大な影響をもたらす。

　最初は、子育て不安があり、イライラし時々子どもにきつく当たってしまうという相談であっても、信頼関係を作りつつ継続的に面談を行うことで、子育ての問題以外に、事業の失敗や夫の失業、家賃が払えずアパートからの退去を求められる、多重債務の支払い、夫婦間のトラブル、食材の購入にも不自由、福祉事務所への不信感、本人の体調不良など、様々な問題が語られる場合がある。あらためて問題全体を把握した上、当面の解決すべき課題と支援の内容を説明し、必要な制度や社会資源とつなぐことによって、相談者も少しずつ生活の見通しがつくようになる。スマイルサポーター事業は、様々な支援機関と情報を共有しながら連携し、本人が笑顔で子育てをできるようになるまで、継続的にフォローし見守りや声かけを続けることをめざしている。

　このように、地域子ども・子育て支援新制度など、公的な制度が対応しない

急迫した子育て家庭の福祉ニーズに対し、公に代わる新たなセーフティネットの構築が必要とされている。スマイルサポーターの事業は、こうした家庭が抱える問題に対しても、育児や養育に限定せず包括的な生活相談を受け、関係機関や団体と連携を取り、課題解決にむけた支援を行うものである。ひいては、総合相談事業を通して、こうした生活ニーズにも柔軟に対応できるセーフティネットの仕組みづくりをめざしている。

2. 問われる社会福祉法人としての役割

　認可保育所や認定こども園を経営する社会福祉法人が、制度本来の枠組みを超えて、こうしたニーズにも対応しなければならないことについて、懐疑的な意見も少なくない。これは、社会福祉法人を取り巻く制度環境が変容し、保育所等の経営にも、民間企業が参入している。こうした状況のなかで、非課税にふさわしい社会福祉法人の役割が問われるようになっているからである。すなわち、非課税によって内部留保される利益がどのように使われるのか、国民に対し説明することが求められている。

　社会福祉基礎構造改革以降、介護や保育など福祉分野にも民間企業やNPOなど多様な経営主体が参入可能となっている。規制改革会議などでは、イコール・フッティングの立場から、同じ事業を経営しながら、社会福祉法人は税制面などで優遇されており、競争条件が公平でないとの批判が繰り返し述べられてきた。福祉市場の形成とともに、社会福祉法人は、制度の枠組みのなかで、保育を行うことだけでは、非課税にふさわしい公益的な存在とは認められないというわけである。社会福祉法人が公益的な存在であることを証明するためにも、保育所・認定こども園という制度内の事業運営にとどまらず、こうした施設機能を活用し、スマイルサポーター事業に取り組み、他の経営主体では対応困難な福祉ニーズに対しても、積極的に対応するべきではないだろうか。「我が事・丸ごと」地域共生社会の実現にむけた体制整備が進められているが、このなかでも社会福祉法人の積極的な関与が求められている。

　具体的には、スマイルサポーターの事業のように、認可保育所や認定こども園、地域子ども・子育て支援事業を運営するに当たって、生活に困り支援を必要とする子育て家庭を発見した場合には、ワンストップで何でも相談を受ける。相談を通じて得られた情報を整理し、支援ニーズについてアセスメントした上、既存の

制度やサービスにつなぐ。そして、制度外の支援ニーズに対しては、対価の支払いを求めず必要な生活支援を積極的に提供し、当該家庭を丸ごと支援する。スマイルサポーターの事業は、こうした社会福祉法人の役割を先駆的に実践してきた。

　市場ベースでは対応できない福祉ニーズであるからこそ、社会福祉法人が主体的に取り組むことに、本来的な意義がある。しかも、スマイルサポーターの事業は、大阪府をはじめ府下市町村から補助を受けて始めた事業でもない。「子どもの貧困」が広がる大阪において、社会福祉法人に求められる役割とは何かを考え始められた。社会福祉法人の存在価値を高めるものと評価できる。

　社会福祉法人制度改革においても、経営主体の多元化、民間参入が進む福祉市場のなかで、社会福祉法人が担うべき役割について議論されている。こうした議論のなかで、社会福祉法人について、「社会福祉事業に係る福祉サービスの供給確保の中心的役割を果たすだけでなく、既存の制度の対象とならないサービスに対応していくことを本旨とする法人」であることを確認し、社会福祉法人に対し地域公益的取組が義務づけられた（社会福祉法第24条2項）。これは、社会福祉法人が、社会福祉事業などを行うに当たって、「日常生活又は社会生活上の支援を必要とする者」を発見した場合には、その者に対し「無料又は低額な料金で、福祉サービスを積極的に提供するよう努めなければならない」と定めるものである。地域公益的取組の実際の内容は、社会福祉法人の使命や事業構成、地域の実情に応じて多様であってよい。例えば子ども食堂や学習支援なども考えられる。

　スマイルサポーターの事業は、地域公益的取組に該当し、社会福祉法人が取り組むモデル的な事業の一つといえるであろう。地域子ども・子育て支援事業なども子育て家庭の抱える暮らしの課題に対しても包括的に支援を行うように運営されることが望まれる。さらに、社会福祉法人が連携・協働し、スマイルサポーターの事業をさらに発展させセーフティネットの構築に取り組むことが、非課税にふさわしい公益的な存在であることの証明につながるものと考える。

3．総合相談の拠点として取り組むべき課題

　「大阪しあわせネットワーク」のなかでも、主として複合的な生活課題を抱え生活に困窮する子育て家庭に対し、保育所、認定こども園を経営する社会福祉法人が連携しスマイルサポーターを育成し、公を補完するセーフティネット

の役割を担っている。実際、スマイルサポーターによる相談援助は、子どもの貧困、生活困窮、社会的孤立など、複雑に絡み合った生活課題全体をワンストップで受け止め、寄り添い型の継続的な支援を行うものである。基本的な考え方としては、子どもの問題に限らず、高齢者、障がい者、若者、生活困窮者が抱える問題すべからく「福祉のことなら何でも相談でき、いつでも必要な時に立ち寄れる身近な福祉施設」となることをめざしている。しかし、子育ての専門職を配置する福祉施設の強みを活かすならば、子育て家庭の支援を得意とする相談窓口として機能特化することが望ましい。もちろん、高齢者の問題や障がい者の相談であっても対応するべきことはいうまでもないが、「大阪しあわせネットワーク」にはこうした問題を専門とする施設ともつながっているのであるから、アセスメントや支援計画の作成、具体的な支援の実施に当たっては、連携し対応すればよい。施設種別を超えた社会福祉法人相互のネットワークがあるから、保育所や認定こども園においても、総合相談が可能となる。

（1）相談拠点機能の強化

　スマイルサポーター事業のこれからの課題としては、社会的な役割・期待に応じてさらなる機能強化を図っていくことが大切と考えている。当面の課題として、第一に、地域における総合的な相談を受け付ける拠点機能の強化が挙げられる。保育所や認定こども園を利用する保護者、園庭開放を利用する保護者、地域子ども・子育て支援事業を利用する保護者を対象にし、課題を抱えている保護者を発見し相談に結びつけるなど、相談援助の実績を積むことが必要である。担任の保育者による対応だけでは問題解決につながらない事例については、園長のリーダーシップのもと、主任やスマイルサポーター等の参加を求めケース会議を開催し、①問題状況の整理、②支援のニーズ、③問題解決に必要な支援内容、④必要な外部機関との連携、⑤組織内部の役割分担について、検討が必要になる。スマイルサポーターをはじめ保育者は、ここでの経験を踏まえて、法人の使命や支援のプロセスを理解し、実践を通じてソーシャルワークの援助技術、役割分担の重要性を学び続けることができる。地域における総合相談を受け付ける拠点機能を強化するためには、スマイルサポーターを配置する施設として、こうした援助技術の実践的かつ継続的なスキルアップが欠かせない。

　援助技術のスキルアップの他に、スマイルサポーター事業について、地域から「知ってもらう」活動を展開し、地域の相談窓口として認知されることも大

切である。スマイルサポーターの看板、ポスターを掲示することの他、パンフ
レットを作成する、ホームページなどにおいて事業や活動内容を紹介すると
いった、広報活動を行っている施設もある。さらには、園長等が、関係機関や
民生委員・児童委員等に対し、実際にスマイルサポーターを紹介し、活動内容
を説明するなど、園長自ら積極的に地域に出向き広報活動を行うことが大切で
あろう。園長が地域におけるスマイルサポーターの役割について認知を広げ、
関係者に対し「必要な時には、施設に相談したら、対応してもらえる」など、
説明し、周知を図る。こうした広報活動は、社会福祉法人に対する地域の信頼
を高め、利用者以外に地域からも多くの相談を受けることによって、拠点機能
の強化につながるであろう。

（2）様々な関係者とのネットワークの構築

　第二に、地域とつながり、ネットワークを構築することが大切である。地域
の相談拠点となるためには、地域の民生委員・児童委員や自治会役員等とつな
がり、施設を利用していない在宅における保護者からの相談を受ける体制づく
りが課題と考える。その他にも、子ども・保護者の支援に関わる関係機関と
日ごろからつながり、子どもや家庭の福祉を考える関係者が集まるプラット
フォームや、関係者による支援のネットワークを構築することが望まれる。こ
うした活動は、スマイルサポーターを配置する施設・社会福祉法人の役割と考
えるべきであろう。

　例えば、大阪においては、社会福祉協議会を構成する住民組織が地区福祉委
員会として存在する。スマイルサポーターを配置する施設・社会福祉法人は、
地域福祉の枠組みのなかで、市町村社会福祉協議会や地区福祉委員とも連携・
協働することで、スマイルサポーター事業の周知につながっている。ネット
ワークの構築にむけて、こうした組織を通じて、定期的に子どもの置かれてい
る問題状況の共有から始めたらよいと思われる。

　さらに、子どもの分野では、既に地域子ども・子育て支援事業のもとで、利
用者支援事業が始まっている。利用者支援事業とは、教育・保育施設や地域子
ども・子育て支援新事業を円滑に利用できるように、相談窓口を設け、情報提
供や助言などの支援を行う事業である。また、地域において関係機関との連絡
調整・連携協力体制づくりにも取り組んでいる。スマイルサポーターの事業と
も役割が一部重なるが、地域において身近な相談窓口は、幾つも存在した方が
よい。スマイルサポーターの事業は、利用者支援事業ともつながり、子ども家

庭福祉に関わる対応困難なケースに協働して支援に当たることが可能となる。利用者支援事業は、制度化されたサービスや給付のみならず、地域に存在する様々なインフォーマルな社会資源も把握しているので、利用者支援事業に相談すれば、有益な情報提供や助言が得られるものと思われる。

　なかでも、市町村が民間法人に委託せず自ら事業を行っている場合では、利用者支援事業とつながることで、制度化されたサービスや給付の利用を検討する上で、地域子ども・子育て支援新制度の担当課、児童相談所や家庭児童相談室、保健所など、公的機関との連携の調整を依頼することができる。さらには、利用者支援事業が構築する子ども家庭福祉に関わるネットワークに参画し、地域の子どもが置かれている立場などについて情報交換することにより、地域の関係機関・団体と相互に顔の見える関係を作ることができる。

（3）地域で子どもを守る仕組みを作る

　こうしたネットワークの構築は、社会福祉協議会はもちろんのこと、自治会や地域住民をはじめ、民生委員・児童委員の他、ボランティア団体やNPOなどの子どもの福祉に関係する団体などの参画を得て、子どもの育ちを守るための地域のプラットフォームの形成につながるものと考えている。スマイルサポーターの事業では、一つの保育所・認定子ども園が、既存の制度では対応できないニーズに対して、当面の緊急的な援助はできても、同じようなニーズを持つ家庭に対し地域において継続的な支援を行う仕組みを作ることは、実際には容易ではない。単独で子ども食堂や学習支援などに取り組む社会福祉法人もあるが、むしろプラットフォームを形成し、様々なステークホルダーとともに、地域において子どもの居場所を作り、地域の大人が子どもの健やかな成長に参画できる基盤づくりをめざすべきではないだろうか。

　保育所・認定子ども園を経営し、スマイルサポーター事業に取り組む社会福祉法人が協働し、こうしたプラットフォームの形成に中心的な役割を担い、住民参画のもと地域で子どもを守る仕組みづくりにも取り組んでほしい。スマイルサポーターの事業は、当初考えられた地域貢献という位置づけを発展させ、子どもの利益を代弁しつつ、地域に必要な子どもの安心・安全のための仕組み作り、ひいては子どもの安心・安全を大切にする地域づくりにつながる可能性を秘めている。スマイルサポーター事業がこれまで積み上げてきたものを発展させ、地域とつながることで新たな仕組みを作るなど、次のステージの展開へとつながっていくことを願っている。

資料1

社会福祉法人大阪府社会福祉協議会 保育部会
「保育園・認定こども園における地域
貢献事業(スマイルサポーター事業)」の概要

1．事業の目的

　昨今、地域においては、育児不安や児童虐待、障害、家庭内暴力（DV）、失業、生活困窮等、子育て家庭における厳しい福祉課題が広がっています。こうした福祉課題に対して、保育園・認定こども園を基盤とする、地域の総合生活相談が求められているところです。

　「保育園・認定こども園における地域貢献事業（スマイルサポーター事業）」（以下「本事業」といいます）は、一人ひとりの子どもが、健やかに成長することができる地域社会の実現に寄与するため、本事業は、保育園・認定こども園に「地域貢献支援員（スマイルサポーター）」（以下「スマイルサポーター」といいます）を配置し、主として地域の子育て家庭への育児その他生活困難についての相談を行い、関係機関と連携し、課題解決に向けて、無料又は低額な料金により必要な支援を行うことを目的とします。

2．事業の内容

　本事業では、主として生活困窮等さまざまな課題を抱える人々に対し、保育園・認定こども園に所属するスマイルサポーターが、次のようなワンストップの総合生活相談を行います。
(1)　子育て家庭、支援機関等に対する必要な
　　情報の提供
(2)　子育てを含む生活課題に対する相談・助言
(3)　その他生活課題に対する必要な支援

3．事業の実施主体

　本事業は、社会福祉法人大阪府社会福祉協議会保育部会（以下「保育部会」といいます）が実施します。また、本事業の企画および進捗管理等については、保育部会内の地域貢献事業推進委員会が協議します。

4．スマイルサポーターの役割

　スマイルサポーターは、保育の専門家として、主として子育て家庭の保護者に対し、心理的不安を取り除く寄り添い型の支援を提供します。
(1)　面談あるいは訪問による現状の把握
　　（インテーク）
(2)　アセスメントおよび支援計画の作成
(3)　関係機関との連携による福祉サービスの
　　斡旋、提供
(4)　経過観察および支援の評価
(5)　地域貢献事業の利用、啓発
(6)　地域の社会資源の把握と関係構築

5．スマイルサポーターの養成

　スマイルサポーターは、保育部会会員施設に在職する保育士資格有資格者等であって、保育に関する実務経験5年以上を有し、保育部会が実施する所定の研修を修了し、大阪府より認定を受けます。
(1)　養成研修
　養成研修は、第1期研修、第2期研修により構成され、第1期研修修了者は「育児相談員」として認定されます（大阪府社会福祉協議会会長認定）。第1期、第2期研修をいずれも修了することにより、スマイルサポーターとして認定されます（大阪府知事認定）。

第1期研修カリキュラム（10課程／1課程90分×2）
①保育の動向と子育て支援課題
②相談事例を通じて知る家庭福祉の状況・子どもの貧困
③保護者が抱える課題・保護者対応
④障がいのある子どもと保護者への支援
⑤地域の中での保育園の役割
⑥育児相談の基本的技術（1）
⑦育児相談員実践報告
⑧〜⑩聴き方や記録の方法を学ぶ

第2期研修カリキュラム（8課程／1課程90分×2）
①地域貢献事業とは／大阪しあわせネットワークについて
②地域福祉入門
③育児相談の基本的技術（2）
④社会資源の把握と連携・協働
⑤社会資源の理解と活用
⑥課題を抱えた家庭への支援
⑦〜⑧事例検討

なお、認定を受けるには、すべてのカリキュラムを履修する必要があります。やむを得ず履修できない課程がある場合は、翌年度課程へのみ、持ち越すことができます。

(2) フォローアップ研修

スマイルサポーター認定者を対象に、毎年度、フォローアップ研修を開催しています。フォローアップ研修は大阪府社会福祉協議会が主催する全体研修と各ブロックが行うブロック別研修に分かれています。

全体研修は、近年問題視されている事由について学識者を招きスマイルサポーターとしてできることを考える機会を作っています。

ブロック別研修では、府内を6つのブロック（北摂・北大阪・河内・南大阪・堺・泉州）に分け、ブロック毎に企画・運営し、開催しています。地域貢献の更なる理解を進め、また、他施設のスマイルサポーターまたはCSW（老人施設部会等）との情報共有を行うことにより、その地域の現状と課題について考える機会としています。

(3) 園長研修

スマイルサポーターを配置する保育園・認定こども園の園長に対し、これまでの育児相談員事業の歴史やスマイルサポーター事業の意義等について学んでいただき、各園でより積極的に事業に取り組んでいただくことを目的として、毎年度研修を実施しています。

園長研修を修了された施設は、スマイルサポーターが在籍していることが外部からわかるよう「看板」を設置することができます。また、施設内に掲示していただけるポスターも作成しています。

以上

資料2
スマイルサポーターの実践事例

1．スマイルサポーターが対応した主な事例

(1) 保護者による養育困難への対応

○在園児の母が、子どもの養育を放棄し家出。養育者のサポートとして、スマイルサポーターが保育所送迎の支援を行った。また保健センターの保健師、家庭児童相談員、主任児童委員、小学校指導主事に家庭訪問、日曜祝日の定期訪問を依頼し、機関が情報交換するよう支援体制を構築した。

○育児に熱心だった在園児の母が、突然、身の回りや園の準備物などの面でルーズになった。その後離婚したことがわかり、子どもへの暴力も見られるようになった。保護者や子どもの日常的な観察を積極的に行い、家庭児童相談室・子ども家庭センターと連携し情報共有しながら支援した。生活基盤を安定させることを第一と考え、着替えや持ち物、提出物などの家庭への要望は最低限にし、母親への肯定的な働きかけから就労と養育を支えた。

(2) 保護者の離婚問題への対応

○離婚調停中の在園児の母親より、DV、虐待理由にて離婚を希望しているが、養育権の話がついておらず父親が子どもに会うことができない状態なので、保育中に面会を要求してくる可能性がある。父親に会わせないためにはどうしたらいいか、との相談を受けた。園内のケース会議にて緊急性があると判断されたため、市無料弁護士相談を紹介。弁護士より保育所在籍中は母親以外には園児を渡さないとする旨が文書化され、園児の安全確保を図った。

(3) 外国人保護者への対応

○他府県からDV理由にて転居してきた外国籍の母子が、園庭開放に来園。言葉の習得をしながら就労を希望しているが、各申請手続きにおける書類の書き方、また、その手続きの場所がわからない、就労していないので子どもを預ける場所がないとの相談を受けた。担当市ケースワーカーに連絡を取りながら、生活保護申請、無料弁護士相

談、保育所入所申込、児童手当申請などをする際に、日本語サロン講師の指導を受け、スマイルサポーターが書類作成を手伝い、市役所へ同行した。

○母親・1歳児男児の母子家庭。母親はB国出身で日本語の日常会話はある程度しか理解できない。園庭開放に来園したが精神的にかなり不安定な状態であり、日本語のサポートが必要と判断された。スマイルサポーターがB国出身の知人を紹介し、通訳ボランティアとして週1回の家庭訪問、役所での手続き同行を依頼した。また子の保育所入園を勧めるが、保育料が高いと拒否され、引き続き園庭開放を利用する。スマイルサポーターより、保育課へ連絡し園の空き状況を確認した上で、母、子とともに市保育課へ同行。保育料その他の説明を受け、入所申込を行う。

(4) 保護者の疾病への対応

○在園児の母、心療内科に通院しながら就労しているが、長続きせず、1か月程度での離職が続く。スマイルサポーターよりボランティアセンターへ相談、週2、3回の午前中短時間での介護ボランティアを紹介してもらう。

(5) 他機関からの相談への対応

○市内肢体不自由児施設の理学療法士より、通園する児童のリハビリの一環として集団生活を経験できるところを探しているとの相談を受け、保護者、施設、スマイルサポーターの3者で話し合い、園の一時保育の利用につなげた。

○障がい者デイサービスセンターよりボランティアセンターに問い合わせがあった。デイサービスにて就労支援を受けている知的障がいを持つ利用者より、子どもと関わる仕事を希望しているので、ボランティア体験を受け入れるところを探しているとの相談であった。初めての就労体験とのことだったため、比較的利用園児の少ない土曜日での保育体験を提案、月2回半日のボランティア体験を園で受けた。

2. 定期的な他機関連携

○報告対象児童の有無に関わらず、市家庭児童相談員、市保健センター発達相談員、保健師と月1回情報交換を行っている。内容としては、医療・保健の相談に専門的な立場からのアドバイスをもらう、園庭開放で相談を受けた利用者の事例報告や対応困難な事例に対する調査依頼を行う、適切な連携機関を行政より紹介してもらう、などである。

○スマイルサポーターが所在地の町内定例会に月1回参画している。主に園およびスマイルサポーターの活動紹介と近隣子育て家庭や独居老人のイベントへの呼びかけ、子ども会・婦人会との連絡などを行っている。

注) 事例は、複数の園への聞き取りと以下の文献からまとめたものである。
巷野悟郎他著「子どもの育ちを支える子育て支援」日本保育協会2014
巷野悟郎他著「子育て相談ハンドブック作成に関する調査研究報告書」日本保育協会2014

保護者支援に関するアンケート調査から ―大阪府内の保育所・認定こども園を対象に―
（中谷奈津子）

　保育所・認定こども園の保護者支援の現状と課題について明らかにするために大阪府内の保育所・認定こども園を対象に大規模なアンケート調査を実施した。

１．調査概要
(1) 目的：保育所等が抱える保護者支援の現状と課題について明らかにする。
(2) 対象者：大阪府社会福祉協議会の保育部会に加入している保育所等の園長、主任、担任、地域担当、非常勤保育士
(3) 調査期間：平成27年8～9月
(4) 調査の方法：アンケート調査、郵送法。大阪府社会福祉協議会の協力を得て、大阪府保育協議会会員の649か所の私立認可保育所、認定こども園に調査票を配布。園宛に調査票を5部送付し、表紙には、園長用、主任用、担任用、地域担当用、非常勤用と記載し、該当の保育士等による回答を依頼した。配布は3,245票（649か所×5部）、回収は1,271票、回収率は39.2%であった。
(5) 主な質問項目：属性(個人、園)、支援の必要性の認識と共有、職場風土、会議の運営、園長のリーダーシップ、園内のソーシャルサポート（園長以外）、生活課題の早期発見の手がかりの有効性、関係機関との連携・協働の有無、保護者支援に関する園内役割の重視と実施、園での保護者対応への評価。

２．結果の概要
(1) 園の属性（園長回答より）
　今回の調査では、保育所が最も多く約7割を占め、次いで幼保連携型認定こども園が約3割であった。社会福祉法人が9割を超え、住宅地域に位置する園が多い。少子高齢化を反映して、地域における高齢者が「やや多い」6割、子どもが「やや多い」5割、「あまりいない」4割という結果となった。地域における支援を必要とする保護者は「やや多い」と認識する園が半数を超え、スマイルサポーター養成講座を受講した保育士のいる園は9割となっている。さらに園におけるスマイルサポーターは1～2人が4割と最も多く、次いで3～4人の3割となっている。5人以上いる園も1割程度存在している。

①施設形態

表1		度数	%
施設形態	保育所	188	68.9
	幼保連携型認定こども園	81	29.7
	幼稚園型認定こども園	2	0.7
	無回答	2	0.7
	Total	273	100.0

②運営主体

表2		度数	%
運営主体	社会福祉法人	261	95.6
	学校法人	7	2.6
	宗教法人	3	1.1
	その他	1	0.4
	無回答	1	0.4
	Total	273	100.0

③周辺地域の状況

表3		度数	%
周辺地域	商業地域	18	6.6
	住宅地域	228	83.5
	農業地域	12	4.4
	工業地域	8	2.9
	その他	5	1.8
	無回答	2	0.7
	Total	273	100.0

④転出入の状況

表4		度数	%
転出入の割合	とても多い	7	2.6
	やや多い	84	30.8
	あまりいない	169	61.9
	全くいない	4	1.5
	わからない	8	2.9
	無回答	1	0.4
	Total	273	100.0

⑤周辺地域における高齢者の割合

表5		度数	%
高齢者の	とても多い	73	26.7
割合	やや多い	174	63.7
	あまりいない	21	7.7
	わからない	2	0.7
	無回答	3	1.1
	Total	273	100.0

⑥周辺地域における子どもの割合

表6		度数	%
子どもの	とても多い	16	5.9
割合	やや多い	139	50.9
	あまりいない	109	39.9
	全くいない	2	0.7
	わからない	5	1.8
	無回答	2	0.7
	Total	273	100.0

⑦周辺地域における支援を必要とする保護者の割合

表7		度数	%
支援を必要	とても多いと思う	31	11.4
とする保護	やや多いと思う	138	50.5
者の割合	あまり多いと思わない	99	36.3
	無回答	5	1.8
	Total	273	100.0

⑧地域活動が盛んに行われているか

表8		度数	%
地域活動	とても盛んだと思う	44	16.1
	やや盛んだと思う	147	53.8
	あまり盛んではないと思う	65	23.8
	全く盛んではないと思う	3	1.1
	わからない	13	4.8
	無回答	1	0.4
	Total	273	100.0

⑨周辺地域における近所づきあいの程度

表9		度数	%
近所づきあい	よくつきあっていると思う	20	7.3
	ある程度つきあっていると思う	191	70.0
	あまりつきあっていないと思う	44	16.1
	全くつきあっていないと思う	2	0.7
	わからない	13	4.8
	無回答	3	1.1
	Total	273	100.0

⑩スマイルサポーター養成講座を受講した保育士数

表10		度数	%
スマイル	いない	26	9.5
サポーター	1～2人	112	41.0
養成講座	3～4人	93	34.1
受講の	5～6人	32	11.7
保育士数	7人以上	4	1.5
	無回答	6	2.2
	Total	273	100.0

(2) 回答者の属性

　園長の平均年齢が最も高く、保育経験も長い。担任、非常勤ともに10年以上の平均保育経験であり、ベテランの域に達している保育者の回答と考えられる。保育士資格は、園長を除いて9割の所有率である。

①平均年齢と平均保育経験

表11		
職階	平均年齢（歳）	平均保育経験（年）
園長	55.5	22.4
主任	45.2	20.5
担任	35.6	12.9
地域	42.4	16.6
非常勤	42.6	13.3

②所有する免許・資格

表12		保育士資格		幼稚園教員免許		社会福祉士	
		度数	%	度数	%	度数	%
資格あり	園長	163	59.7%	112	41.0%	23	8.4%
	主任	271	98.2%	220	79.7%	2	0.7%
	担任	251	97.3%	221	85.7%	12	4.7%
	地域	201	90.1%	163	73.1%	8	3.6%
	非常勤	231	95.9%	197	81.7%	10	4.1%
	Total	1117	87.9%	913	71.8	55	4.3%

(3) 支援の必要性の認識と共有

　全体的に、育児不安を抱える保護者と子どもへの支援の必要性の認識は高く、生活困難を抱える保護者への支援の必要性の認識は低い。支援の必要性の共有については、主任の得点が最も高くなっている。

①次のような支援について、あなたは必要だと思うか

表13		全体	園長	主任	担任	地域	非常勤
1	育児不安を抱える保護者の**子どもについて**、園で特に配慮しつつ支援すること	3.76	3.80	3.83	3.70	3.76	3.70
2	育児不安を抱える**保護者について**、園で特に配慮しつつ支援すること	3.72	3.72	3.76	3.70	3.77	3.63
3	**生活困難**（借金、失業、保護者の疾病など）を抱える家庭の**子どもについて**、園で特に配慮しつつ支援すること	3.53	3.58	3.64	3.46	3.50	3.46
4	**生活困難**（借金、失業、保護者の疾病など）を抱える家庭の**保護者について**、園で特に配慮しつつ支援すること	3.29	3.28	3.35	3.26	3.38	3.18

注)「とても必要だ」4点、「やや必要だ」3点、「あまり必要でない」2点、「全く必要でない」1点として平均値を算出。最も高い値を網かけとした。

②支援の必要性について、認識し共有しているか

表14		全体	園長	主任	担任	地域	非常勤
1	支援の必要性を、職員間で共有すること	3.37	3.30	3.45	3.42	3.37	3.28
2	支援の必要性を意識して、日々の業務を行うこと	3.35	3.28	3.44	3.40	3.38	3.24

注)「よくある」4点、「時々ある」3点、「あまりない」2点、「全くない」1点として平均値を算出。最も高い値を網かけとした。

(4) 職場風土

　職場風土については、職員のチームワークを大切にする雰囲気についての得点が最も高く、在園児以外の家庭などを積極的に受け入れる雰囲気は低いことがわかった。全体的に園長の得点が最も高く、組織風土を高く評価していることがうかがえる。

あなたの園には、次のような雰囲気や姿勢があるか

表15		全体	園長	主任	担任	地域	非常勤
1	保育の意図やねらいを、積極的に保護者に伝えようとする雰囲気	3.42	3.47	3.44	3.32	3.44	3.41
2	職員全体に、質の高い保育を求める姿勢	3.47	3.54	3.54	3.35	3.48	3.43
3	職員全体に専門性向上のための努力を惜しまない雰囲気	3.29	3.38	3.31	3.14	3.30	3.31
4	職員間のチームワークを大切にする雰囲気	3.58	3.65	3.63	3.52	3.56	3.53
5	在園児以外の家庭や高齢者、地域の人々を積極的に受け入れる雰囲気	3.29	3.31	3.25	3.20	3.36	3.36

注)「非常にある」4点、「少しある」3点、「あまりない」2点、「全くない」1点として平均値を算出。最も高い値を網かけとした。

(5) 会議運営

　会議運営については、職員会議やリーダー会議などは月に1回程度行われているところが多い。クラスの打ち合わせ会議に参加する園長と参加しない園長の存在が浮き彫りになった。朝礼や昼礼などの短時間の打ち合わせも、毎日行う園と開催していない園とで大きく分かれるようである。ケース会議については、園長、主任はほぼすべてに参加する傾向にあり、担任等は関係する子どもが対象となる時に参加しているものと思われた。どの会議においても非常勤保育士の参加が少ない傾向にあった。

次のような会議にどの程度参加しているか

表16		職階	開催していない	参加していない	年に1回程度	数か月に1回程度	月に1回程度	週に1回程度	毎日
1	職員全員が集まる職員会議	全体	2.5%	9.9%	5.2%	16.6%	58.1%	6.1%	1.6%
		園長	0.7%	0.0%	4.4%	15.5%	70.5%	7.0%	1.8%
		主任	3.3%	0.0%	3.3%	14.7%	68.1%	7.7%	2.9%
		担任	2.7%	0.0%	2.3%	16.0%	70.4%	7.4%	1.2%
		地域	3.3%	8.9%	7.0%	16.9%	55.9%	6.6%	1.4%
		非常勤	2.6%	44.7%	9.8%	20.4%	20.9%	1.3%	0.4%
2	クラスの代表者が集まるリーダー会議	全体	8.0%	21.4%	1.8%	12.2%	41.5%	12.7%	2.5%
		園長	4.5%	10.5%	2.3%	15.4%	46.2%	18.4%	2.6%
		主任	10.9%	2.2%	1.5%	10.6%	55.8%	14.2%	4.7%
		担任	11.4%	3.9%	1.2%	15.7%	51.0%	14.5%	2.4%
		地域	7.1%	23.2%	1.9%	15.2%	39.3%	11.4%	1.9%
		非常勤	5.5%	73.6%	2.1%	3.8%	11.1%	3.4%	0.4%
3	クラス内の打ち合わせ会議	全体	6.5%	22.2%	1.1%	8.1%	19.1%	22.4%	20.5%
		園長	2.3%	37.5%	2.3%	8.0%	14.8%	21.6%	13.6%
		主任	5.9%	18.1%	1.1%	11.9%	21.5%	24.4%	17.0%
		担任	10.4%	1.2%	0.0%	5.6%	19.5%	29.5%	33.9%
		地域	6.2%	26.5%	1.4%	10.0%	21.3%	17.1%	17.5%
		非常勤	8.1%	28.2%	0.9%	5.1%	18.8%	18.4%	20.5%
4	朝礼や昼礼など短時間の打ち合わせ	全体	22.4%	11.5%	0.7%	5.1%	5.6%	11.6%	43.2%
		園長	20.6%	7.3%	0.4%	4.2%	6.1%	14.9%	46.6%
		主任	24.1%	3.0%	0.8%	4.1%	5.6%	13.2%	49.2%
		担任	27.3%	1.2%	0.0%	5.9%	5.1%	11.5%	49.0%
		地域	20.0%	12.9%	1.4%	4.8%	5.2%	11.9%	43.8%
		非常勤	19.3%	36.1%	0.9%	5.1%	5.6%	6.0%	25.8%

			開催していない	参加していない	必要に応じて参加	すべてに参加	不明
5	深刻な事例が発生した際のケース会議	全体	3.9%	7.1%	41.3%	45.0%	2.7%
		園長	2.0%	0.4%	29.0%	68.2%	0.4%
		主任	2.7%	0.4%	25.9%	70.3%	0.8%
		担任	7.9%	2.0%	48.0%	38.1%	4.0%
		地域	3.4%	7.8%	51.2%	34.6%	2.9%
		非常勤	3.5%	27.0%	56.5%	7.0%	6.1%

(6) 園長のリーダーシップ

　園長のリーダーシップについては、「何をどのようにすべきかを具体的に決定すること」といった目標設定、および「職員の意見や関心に耳を傾けること」といった受容的な態度について高い得点を示している。一方、「仕事ぶりについて評価を伝えること」の得点は全体的に低い。職階ごとに比較すると、主任の得点が高いことが多い。このことは、主任は園長のサポート的な役割を果たすことが多いため、園長による継続的な働きかけや行為の意図を深く理解していることを示唆していると思われる。

園長として次のようなことをどの程度行っているか

表17		全体	園長	主任	担任	地域	非常勤
1	何を、どのようにすべきかを具体的に決定すること	3.55	3.55	3.60	3.52	3.56	3.52
2	達成すべき目標を職員に示すこと	3.41	3.37	3.46	3.39	3.45	3.39
3	保育のプロセスや業務の進み具合について報告を求めること	3.42	3.41	3.47	3.38	3.39	3.46
4	質の高い仕事をするように職員に求めること	3.48	3.34	3.58	3.50	3.47	3.50
5	職員を励ますこと	3.38	3.44	3.47	3.29	3.33	3.34
6	職員の意見や関心に耳を傾けること	3.54	3.66	3.57	3.44	3.47	3.50
7	仕事ぶりについて評価を伝えること	3.16	3.18	3.25	3.12	3.15	3.11
8	職員同士に話し合いをさせること	3.30	3.39	3.31	3.23	3.31	3.26

注)「いつもしている」4点、「時々している」3点、「あまりしてない」2点、「全くしてない」1点として平均値を算出。
　　園長に対する評価。園長は自己評価。最も高い値を網かけとした。

(7) 生活課題の早期発見の手がかり

　早期発見の手がかりについては、「子どもを登園させなくなった」というものが最も有効であると捉えられている。主任や地域担当保育士の得点が総じて高く、早期発見に関する意識の高さがうかがえる。

各家庭の生活課題を発見するために、次のような手がかりは有効だと思うか

表18		全体	園長	主任	担任	地域	非常勤
1	子どもに、チック、脱毛、事象などの身体症状が見られるようになった	3.63	3.65	3.69	3.62	3.55	3.63
2	子どもが、不衛生になった（異臭・悪臭、毎日同じ服装など）	3.87	3.89	3.91	3.84	3.86	3.83
3	子どもに、意欲の低下が見られるようになった（無表情、集中力の低下など）	3.60	3.63	3.66	3.52	3.62	3.54
4	保護者が、正当な理由なく子どもを登園させなくなった	3.78	3.80	3.81	3.70	3.84	3.75
5	保護者が、子どもの養育に対して無関心になった	3.72	3.69	3.80	3.70	3.73	3.69
6	保護者の身だしなみが変化した（化粧、服装、髪形など）	3.54	3.57	3.64	3.45	3.59	3.43

注)「とても有効」4点、「やや有効」3点、「あまり有効ではない」2点、「全く有効ではない」1点として平均値を算出。最も高い値を網かけとした。

(8) 園での保護者対応についての自己評価

　保護者対応に関する職員間の連携や日々の保護者対応についての評価は、相対的に高い。一方で、生活困難を抱える保護者への支援についての評価は決して高くはない。

園での保護者対応について、どのように評価するか

表19		全体	園長	主任	担任	地域	非常勤
1	日々の保護者対応について	3.11	3.10	3.12	3.03	3.13	3.16
2	生活困難を抱える保護者への支援について	2.87	2.84	2.86	2.87	2.87	2.91
3	他機関との連携について	3.01	3.12	2.99	2.91	3.02	2.99
4	園内の職員間の連携について	3.16	3.23	3.15	3.12	3.14	3.19

注)「とてもうまくいっている」4点、「ややうまくいっている」3点、「あまりうまくいっていない」2点、「全くうまくいっていない」1点として平均値を算出。最も高い値を網かけとした。

(9) 保護者支援のために関係機関と連携・協働したこと（過去5年、園長回答のみ）

　関係機関との連携・協働については、園長の回答のみを集計した。最も多いのは保育・児童担当の行政（約9割）、次いで子ども家庭センター（約7割）、保健所・保健センター（約7割）、学校（約7割）であった。全体的に子どもに関連した機関で連携・協働の件数が高くなっている。

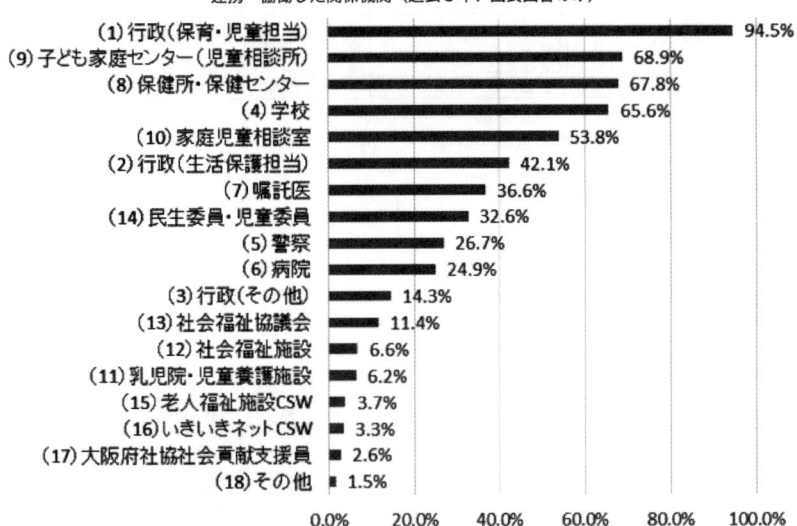

連携・協働した関係機関（過去5年、園長回答のみ）

(10) 園内における役割の重視度と実施状況

　保護者支援に関わる役割項目の重視度と実施状況について、職階ごとに比較した。重視度は実施状況よりも全体的に得点が高くなっている（詳細は第9章参照）。

　特に、園長は公的援助や早期発見に対する知識を持つことを重視し、何か問題が起こった時に、課題を明確化しつつ支援の必要性の判断を行っていた。対応策の検討やその後の具体的な保護者対応も園長が実施していることが多いようである。主任は日常的な保護者の観察を重視し、園全体の保護者の様子を把握している。担任とともに意図的な情報収集を行い、園長に保護者対応の要請を行うこともある。担任は、日常的な子どもの観察を行い、保護者との会話や深刻な相談に至るまでの「ちょっとした話」を受け止め、対応していると思われる。

保護者支援に対する役割について、どの程度重視しているか

表20			重視しているか					
			全体	園長	主任	担任	地域	非常勤
1	子どもの日常的観察	日常的に子どもを観察する（服装、表情、人間関係）	4.78	4.68	4.82	4.85	4.79	4.77
2		気になる子どもを把握する	4.84	4.79	4.87	4.89	4.83	4.80
3		クラスの様子を把握する	4.66	4.50	4.68	4.84	4.61	4.69
4		園全体の様子を把握する	4.47	4.67	4.74	4.29	4.49	4.15
5	保護者の日常的観察	日常的に保護者を観察する	4.26	4.13	4.41	4.37	4.26	4.09
6		気になる保護者を把握する	4.59	4.62	4.72	4.68	4.53	4.36
7		子どもと保護者の関係性を把握する	4.47	4.48	4.58	4.56	4.44	4.27
8		園全体の家庭を把握する	3.99	4.12	4.28	3.86	3.97	3.64
9	相談体制の整備	相談しやすい空間的環境づくりに心がける	4.35	4.37	4.47	4.37	4.37	4.14
10		公的援助の知識を持つようにする	3.98	4.18	4.13	3.87	4.01	3.65
11		早期発見に対する知識を持つようにする	4.26	4.42	4.40	4.22	4.27	3.98
12		相談業務を行っていることを保護者や地域に知らせる	4.02	4.22	4.18	3.88	4.05	3.71
13		相談業務が行えるよう必要な研修を受講する	4.09	4.30	4.33	3.96	4.15	3.67
14	保護者との関係構築	話しやすい雰囲気づくりを心がける	4.75	4.65	4.81	4.84	4.79	4.67
15		保護者への声かけ・挨拶を行う	4.89	4.78	4.90	4.95	4.93	4.87
16		保護者と会話する	4.76	4.63	4.78	4.88	4.83	4.68
17		保護者の気持ちを受容する	4.68	4.60	4.69	4.75	4.79	4.60
18		子どもの様子を伝える	4.76	4.55	4.77	4.88	4.85	4.76
19	保護者からの相談	保護者からの相談を受ける	4.66	4.68	4.72	4.74	4.68	4.44
20		地域からの相談を受ける	3.92	4.18	4.04	3.61	4.19	3.58
21		園に相談することを勧める	4.09	4.19	4.20	3.99	4.16	3.89
22	子どもと保護者の変化の読み取り	子どもの変化を読み取る	4.74	4.62	4.79	4.82	4.73	4.73
23		保護者の変化を読み取る	4.59	4.52	4.66	4.64	4.63	4.50
24		上司に保護者対応の要請をする	4.29	3.95	4.41	4.41	4.41	4.25
25	意図的な情報収集	意図的に子どもを観察する	4.61	4.46	4.70	4.71	4.60	4.59
26		意図的に保護者を観察する	4.41	4.33	4.54	4.46	4.45	4.28
27		意図的に子どもへ話しかける	4.60	4.45	4.71	4.68	4.61	4.56
28		意図的に保護者へ話しかける	4.44	4.36	4.59	4.52	4.51	4.23
29		子どもから情報を聞き取る	4.16	4.02	4.25	4.29	4.19	4.06
30		園の職員から情報を聞き取る	4.51	4.60	4.64	4.50	4.43	4.33
31		他機関から情報を聞き取る	3.92	4.13	4.08	3.85	3.89	3.60
32		児童票、徴収金に関わる書類などを確認する	3.92	4.22	4.14	3.85	3.81	3.47
33	保護者からの情報収集	相談室などの個室で、保護者の話を聞く	4.15	4.34	4.30	4.09	4.06	3.86
34		相談室以外の場所で、保護者の話を聞く	4.06	3.88	4.24	4.21	4.10	3.85
35		保護者がどうしたいのか意向を把握する	4.35	4.36	4.46	4.40	4.36	4.13
36	情報の集約・整理と共有	職員が持つ情報を集約する	4.43	4.53	4.60	4.42	4.41	4.24
37		必要な情報を職員間で共有する	4.66	4.68	4.72	4.72	4.59	4.55
38		得られた情報を整理する	4.47	4.56	4.56	4.48	4.40	4.32
39	事前評価	保護者の抱える課題を明確化する	4.24	4.31	4.29	4.30	4.22	4.03
40		支援の必要性を判断する	4.26	4.38	4.33	4.28	4.25	4.00
41		支援の緊急性を判断する	4.31	4.52	4.38	4.30	4.27	4.03
42		関係機関との連携の必要性を判断する	4.25	4.53	4.35	4.19	4.23	3.91
43		職員の意見を統括する	4.27	4.48	4.40	4.26	4.19	3.95

			重視しているか					
			全体	園長	主任	担任	地域	非常勤
44		ケース会議に参加する	4.25	4.45	4.44	4.29	4.24	3.74
45		保護者支援の目標を設定する	3.89	4.02	3.99	3.91	3.90	3.60
46		対応策を検討する	4.12	4.33	4.23	4.12	4.10	3.78
47	支援計画の作成	連携先を検討する	4.03	4.27	4.14	4.00	4.02	3.66
48		対応策を決定する	4.02	4.24	4.13	4.05	3.99	3.64
49		支援計画を作成する	3.87	3.97	3.95	3.98	3.86	3.58
50		職員の役割分担を調整する	3.99	4.15	4.13	4.07	3.93	3.61
51		職員に支援の指示をする	4.01	4.28	4.21	3.99	3.97	3.50
52		保護者に支援に関する連絡をする	4.01	4.15	4.09	4.01	4.01	3.74
53		保護者に助言する	4.15	4.12	4.22	4.21	4.22	3.99
54	具体的な保護者	保護者に方法の提案をする	4.14	4.12	4.19	4.24	4.20	3.95
55	支援の展開	保護者に今後の対応を説明する	4.11	4.15	4.20	4.14	4.17	3.86
56		保護者に関係機関を紹介する	4.10	4.31	4.19	4.07	4.16	3.74
57		保護者と関係機関がうまくつながるように仲介する	4.06	4.31	4.16	4.01	4.09	3.68
58		保護者と連携する	4.37	4.41	4.43	4.46	4.24	4.08
59	他機関との連携	関係機関と連絡・調整を行う（電話やメールなど）	4.12	4.51	4.28	3.98	4.06	3.68
60		関係機関と連絡・協働する	4.13	4.50	4.27	4.00	4.09	3.72
61		子どもの情緒安定を図る	4.79	4.75	4.84	4.82	4.81	4.72
62	子どもの保育を	子どもの食事の保障をする	4.76	4.73	4.83	4.81	4.77	4.66
63	通しての支援	子どもの清潔の保障をする	4.73	4.69	4.77	4.77	4.75	4.66
64		子どもの睡眠の保障をする	4.73	4.69	4.80	4.79	4.74	4.64
65		支援経過について記録する	4.36	4.46	4.48	4.43	4.41	3.98
66		支援の目標が達成されたか評価する	4.07	4.12	4.17	4.17	4.12	3.76
67		ケース会議などで課題の抽出が適切にできたか評価する	3.95	4.05	4.05	3.99	4.02	3.63
68	支援計画の評価	支援の対応策がうまくいったか評価する	3.98	4.08	4.12	4.02	4.03	3.65
69		関係機関との連携がうまくいったか評価する	3.91	4.07	4.05	3.84	3.98	3.59
70		職員間の役割分担がうまくいったか評価する	4.02	4.14	4.16	4.03	4.04	3.70
71		園長や主任からの助言・指導が適切であったか評価する	3.96	4.13	4.05	3.93	4.01	3.65
72		改善の必要がある場合は、支援の目標を変更する	4.20	4.33	4.26	4.24	4.22	3.91
73	改善	改善の必要がある場合は、支援の対応策を変更する	4.21	4.31	4.29	4.25	4.24	3.92
74		改善の必要がある場合は、連携先を変更する	4.06	4.19	4.18	4.04	4.07	3.77
75	終結	終結の判断をする	3.91	4.07	4.03	3.91	3.91	3.59
76		支援終了後も、対象児を見守る	4.45	4.51	4.52	4.54	4.43	4.20
77	経過観察・	支援終了後も、保護者を見守る	4.40	4.46	4.49	4.49	4.39	4.13
78	見守り	支援終了後も、保護者と子どもの関係を見守る	4.42	4.47	4.51	4.48	4.40	4.19
79		支援終了後も、保護者と職員の関係を見守る	4.32	4.37	4.44	4.40	4.31	4.04

注）「とても重視している」5点、「やや重視している」4点、「どちらともいえない」3点、「あまり重視していない」2点、「全く重視していない」1点として、職階ごとの平均値を算出。網かけは、その項目で最も得点の高かったもの。また、一元配置の分散分析の結果、すべての項目において有意差（$p < 0.01$）が認められている。

保護者支援に対する役割についてどの程度行っているか

表21			行っているか					
			全体	園長	主任	担任	地域	非常勤
1	子どもの日常的観察	日常的に子どもを観察する（服装、表情、人間関係）	4.65	4.44	4.68	4.82	4.64	4.70
2		気になる子どもを把握する	4.73	4.61	4.77	4.86	4.69	4.71
3		クラスの様子を把握する	4.50	4.28	4.51	4.82	4.36	4.52
4		園全体の様子を把握する	4.24	4.56	4.52	4.02	4.22	3.82
5	保護者の日常的観察	日常的に保護者を観察する	4.08	3.94	4.25	4.31	4.06	3.84
6		気になる保護者を把握する	4.42	4.43	4.59	4.62	4.30	4.09
7		子どもと保護者の関係性を把握する	4.18	4.14	4.31	4.38	4.09	3.93
8		園全体の家庭を把握する	3.65	3.86	4.00	3.52	3.65	3.16
9	相談体制の整備	相談しやすい空間環境づくりに心がける	3.97	4.10	4.10	4.01	4.01	3.61
10		公的援助の知識を持つようにする	3.49	3.92	3.65	3.33	3.57	2.92
11		早期発見に対する知識を持つようにする	3.80	4.11	3.99	3.71	3.82	3.32
12		相談業務を行っていることを保護者や地域に知らせる	3.53	4.01	3.79	3.37	3.62	2.78
13		相談業務が行えるよう必要な研修を受講する	3.49	4.00	4.04	3.32	3.58	2.38
14	保護者との関係構築	話しやすい雰囲気づくりに心がける	4.58	4.46	4.64	4.71	4.57	4.48
15		保護者への声かけ・挨拶を行う	4.82	4.67	4.86	4.91	4.86	4.81
16		保護者と会話する	4.58	4.38	4.59	4.80	4.74	4.47
17		保護者の気持ちを受容する	4.44	4.33	4.51	4.61	4.49	4.27
18		子どもの様子を伝える	4.48	4.08	4.52	4.80	4.60	4.44
19	保護者からの相談	保護者からの相談を受ける	4.23	4.32	4.33	4.44	4.21	3.80
20		地域からの相談を受ける	3.12	3.57	3.31	2.61	3.69	2.41
21		園に相談することを勧める	3.56	3.79	3.72	3.39	3.70	3.16
22	子どもと保護者の変化の読み取り	子どもの変化を読み取る	4.47	4.30	4.52	4.66	4.43	4.41
23		保護者の変化を読み取る	4.25	4.18	4.35	4.41	4.24	4.06
24		上司に保護者対応の要請をする	3.90	3.71	4.12	4.02	3.93	3.66
25	意図的な情報収集	意図的に子どもを観察する	4.44	4.28	4.57	4.62	4.35	4.37
26		意図的に保護者を観察する	4.19	4.19	4.38	4.31	4.15	3.88
27		意図的に子どもへ話しかける	4.44	4.30	4.59	4.60	4.38	4.30
28		意図的に保護者へ話しかける	4.20	4.16	4.40	4.37	4.24	3.81
29		子どもから情報を聞き取る	3.94	3.80	4.08	4.12	3.89	3.79
30		園の職員から情報を聞き取る	4.35	4.52	4.60	4.32	4.17	4.06
31		他機関から情報を聞き取る	3.32	3.94	3.58	3.13	3.20	2.59
32		児童票、徴収金に関わる書類などを確認する	3.53	4.10	3.85	3.45	3.32	2.75
33	保護者からの情報収集	相談室などの個室で、保護者の話を聞く	3.44	4.04	3.84	3.46	3.26	2.44
34		相談室以外の場所で、保護者の話を聞く	3.70	3.71	3.97	3.99	3.74	3.04
35		保護者がどうしたいのか意向を把握する	3.87	4.09	4.13	4.01	3.77	3.25
36	情報の集約・整理と共有	職員が持つ情報を集約する	4.06	4.38	4.35	4.09	3.83	3.51
37		必要な情報を職員間で共有する	4.38	4.55	4.54	4.43	4.24	4.01
38		得られた情報を整理する	4.05	4.30	4.26	4.08	3.88	3.64
39	事前評価	保護者の抱える課題を明確化する	3.68	3.97	3.81	3.79	3.62	3.16
40		支援の必要性を判断する	3.66	4.08	3.89	3.67	3.57	3.00
41		支援の緊急性を判断する	3.67	4.19	3.88	3.63	3.59	2.95
42		関係機関との連携の必要性を判断する	3.58	4.25	3.86	3.39	3.50	2.74
43		職員の意見を統括する	3.68	4.20	4.02	3.62	3.54	2.90

			行っているか					
			全体	園長	主任	担任	地域	非常勤
44		ケース会議に参加する	3.56	4.19	4.04	3.54	3.39	2.45
45		保護者支援の目標を設定する	3.15	3.63	3.41	3.15	3.11	2.35
46		対応策を検討する	3.45	4.01	3.74	3.45	3.28	2.61
47	支援計画の作成	連携先を検討する	3.27	3.94	3.58	3.16	3.15	2.36
48		対応策を決定する	3.27	3.97	3.54	3.24	3.07	2.36
49		支援計画を作成する	3.04	3.42	3.26	3.16	2.96	2.27
50		職員の役割分担を調整する	3.26	3.85	3.60	3.21	3.15	2.37
51		職員に支援の指示をする	3.30	4.06	3.73	3.12	3.17	2.25
52		保護者に支援に関する連絡をする	3.29	3.80	3.60	3.22	3.27	2.45
53		保護者に助言する	3.62	3.79	3.85	3.70	3.73	2.98
54	具体的な保護者	保護者に方法の提案をする	3.56	3.82	3.78	3.69	3.63	2.82
55	支援の展開	保護者に今後の対応を説明する	3.42	3.79	3.68	3.48	3.43	2.65
56		保護者に関係機関を紹介する	3.29	3.96	3.57	3.14	3.25	2.41
57		保護者と関係機関がうまくつながるように仲介する	3.19	3.93	3.48	2.98	3.19	2.28
58		保護者と連携する	3.74	4.02	3.97	3.88	3.75	2.98
59	他機関との連携	関係機関と連絡・調整を行う（電話やメールなど）	3.21	4.22	3.55	2.82	3.17	2.09
60		関係機関と連携・協働する	3.24	4.20	3.55	2.90	3.19	2.15
61		子どもの情緒安定を図る	4.57	4.46	4.64	4.69	4.59	4.46
62	子どもの保育を	子どもの食事の保障をする	4.59	4.54	4.66	4.70	4.59	4.44
63	通しての支援	子どもの清潔の保障をする	4.53	4.43	4.58	4.66	4.54	4.46
64		子どもの睡眠の保障をする	4.55	4.45	4.63	4.65	4.55	4.48
65		支援経過について記録する	3.62	4.01	3.88	3.77	3.62	2.69
66		支援の目標が達成されたか評価する	3.27	3.64	3.44	3.39	3.29	2.47
67		ケース会議などで課題の抽出が適切にできたか評価する	3.12	3.59	3.34	3.11	3.12	2.34
68	支援計画の評価	支援の対応策がうまくいったか評価する	3.15	3.58	3.38	3.18	3.15	2.35
69		関係機関との連携がうまくいったか評価する	3.04	3.57	3.25	2.94	3.07	2.24
70		職員間の役割分担がうまくいったか評価する	3.23	3.71	3.48	3.15	3.21	2.47
71		園長や主任等からの助言・指導が適切であったか評価する	3.13	3.68	3.31	2.99	3.17	2.39
72		改善の必要がある場合は、支援の目標を変更する	3.33	3.82	3.53	3.28	3.32	2.58
73	改善	改善の必要がある場合は、支援の対応策を変更する	3.33	3.80	3.54	3.31	3.33	2.56
74		改善の必要がある場合は、連携先を変更する	3.12	3.63	3.40	3.02	3.09	2.34
75	終結	終結の判断をする	3.00	3.62	3.19	2.88	2.97	2.22
76		支援終了後も、対象児を見守る	3.81	4.11	4.09	3.75	3.76	3.27
77	経過観察・	支援終了後も、保護者を見守る	3.75	4.06	4.05	3.72	3.69	3.15
78	見守り	支援終了後も、保護者と子どもの関係を見守る	3.78	4.07	4.09	3.74	3.75	3.18
79		支援終了後も、保護者と職員の関係を見守る	3.68	3.98	4.00	3.63	3.66	3.03

注）「よく行っている」5点、「やや行っている」4点、「どちらともいえない」3点、「あまり行っていない」
2点、「全く行っていない」1点として、職階ごとの平均値を算出。網かけは、その項目で最も得点の高かった
もの。また、一元配置の分散分析の結果、すべての項目において有意差（p＜0.01）が認められている。

付記

　本書の出版と本研究に関する調査は、JSPS科研費JP16K01876、25350936の助成を受けたものである。調査および本書の出版に際し、社会福祉法人大阪府社会福祉協議会保育部会には多大なご協力をいただいた。またご多忙の中、アンケートやインタビューなどの調査にご協力くださいました大阪府内の私立認可保育所・認定こども園の職員や保護者の皆様に、この場を借りて厚く御礼申し上げる。

【著者略歴】

中谷　奈津子（なかたに　なつこ）
神戸大学大学院人間発達環境学研究科　准教授。
専攻：保育学、家族関係学。
金城学院大学大学院人間生活学研究科　博士後期課程修了。博士（学術）。
至学館大学人文学部、こども健康科学部准教授、大阪府立大学人間社会学部、地域保健学域教育福祉学類准教授、教授を経て現職。
（主著）『地域子育て支援と母親のエンパワーメント』（単著、大学教育出版、2008年）、『住民主体の地域子育て支援』（編著、明石書店、2013年）『教育福祉学への挑戦』（共編著、せせらぎ出版、2017年）、『新パートナーシップの家族社会学』（共著、学文社、2014年）、『男の育児、女の育児』（共著、昭和堂、2008年）『児童福祉の地域ネットワーク』（共著、相川書房、2008年）。

鶴　宏史（つる　ひろふみ）
武庫川女子大学文学部教育学科　准教授。
専攻：保育学、社会福祉学。
大阪府立大学院人間社会学研究科博士後期課程修了。博士（社会福祉学）、保育士、社会福祉士。
（主著）『保育ソーシャルワーク論』（単著、あいり出版、2008年）、『保育者論（第2版）』（共著、中央法規、2017年）、『社会福祉』（共著、ミネルヴァ書房、2017年）、『子育ち・子育て支援学』（共著、保育出版社、2011年）、『よくわかる家庭支援論（第2版）』（分担執筆、ミネルヴァ書房、2015年）。

関川　芳孝（せきかわ　よしたか）
大阪府立大学　地域保健学域教育福祉学類　教授。
専攻：社会福祉法制論、福祉経営。
神戸大学大学院法学研究科博士課程単位取得退学。琉球大学法文学部助教授、カリフォルニア大学バークレー校客員研究員、北九州大学法学部教授を経て、大阪府立大学社会福祉学部転任・人間社会学部改組、現在に至る。最近の主な学外活動として、厚生労働省社会保障審議会福祉部会委員、内閣府教育・保育施設等における重大事故発生防止策を考える有識者会議委員、全国社会福祉協議会福祉サービスの質向上推進委員会委員、全国保育協議会保育所長専門講座運営委員会委員、大阪府障がい者差別解消協議会会長、兵庫県老人福祉事業協会理事、東大阪市社会福祉審議会会長、など。
（主著）『社会福祉学習双書2016　社会福祉概論Ⅱ』（共著、全国社会福祉協議会、2017年）、『保育士と考える実践保育リスクマネジメント講座』（単著、全国社会福祉協議会、2008年）、『保育リスクマネジメント概論』（単著、大阪公立大学共同出版会、2013年）、『公立保育所の民営化 —公共性の継承をめぐって』（編著、大阪公立大学共同出版会、2017年）、『教育福祉学の挑戦』（共編著、せせらぎ出版、2017年）など。

OMUP

ＯＭＵＰの由来

大阪公立大学共同出版会 (略称OMUP) は新たな千年紀のスタートとともに大阪南部に位置する５公立大学、すなわち大阪市立大学、大阪府立大学、大阪女子大学、大阪府立看護大学ならびに大阪府立看護大学医療技術短期大学部を構成する教授を中心に設立された学術出版会である。なお府立関係の大学は2005年４月に統合され、本出版会も大阪市立、大阪府立両大学から構成されることになった。また、2006年からは特定非営利活動法人（NPO）として活動している。

Osaka Municipal Universities Press(OMUP) was established in new millennium as an association for academic publications by professors of five municipal universities, namely Osaka City University, Osaka Prefecture University, Osaka Women's University, Osaka Prefectural College of Nursing and Osaka Prefectural College of Health Sciences that all located in southern part of Osaka. Above prefectural Universities united into OPU on April in 2005. Therefore OMUP is consisted of two Universities, OCU and OPU. OMUP has been renovated to be a non-profit organization in Japan since 2006.

OMUPブックレット No.61

保育所・認定こども園における生活課題を抱える保護者への支援
—— 大阪府地域貢献支援員(スマイルサポーター)制度を題材に ——

2018年３月26日　初版第１刷発行

編著者	中谷奈津子・鶴　宏史・関川芳孝
発行者	足立　泰二
発行所	大阪公立大学共同出版会（OMUP）
	〒599-8531 大阪府堺市中区学園町1－1
	大阪府立大学内
	TEL　072 (251) 6533　FAX　072 (254) 9539
印刷所	和泉出版印刷株式会社